アンの風にのって

東日本放送
あん・まくどなるど

G. PAM COMMUNICATIONS
清水弘文堂書房刊

アンの風にのって

■東日本放送／あん・まくどなるど編

■清水弘文堂書房刊

G.PAM COMMUNICATIONS

ぐりり

KHB

あん・まくどなるど

S　T　A　F　F

PRODUCER、DIRECTOR & PHOTOGRAFER 礒貝 浩
WRITERS 酒井健樹　豊澤光成（東日本放送） 佐藤正人（東北朝日プロダクション）
EDITOR & COVER DESIGNER 二葉幾久
DTP OPERATOR & PROOF READER 石原 実
DPROOF READER 酒井健樹（東日本放送）
スタジオ収録風景写真提供 東日本放送
制作/ドリーム・チェイサーズ・サルーン *2000*
（旧創作集団ぐるーぷ・ぱあめ *'90*）

*この本はオンライン・システム編集と *DTP*（コンピューター編集）でつくりました。

＊表紙写真　荒波の押し寄せる突堤にたたずむアン
＊扉写真　冬　山仕事（薪運び）をしているアン

もくじ

創《つく》る人たち

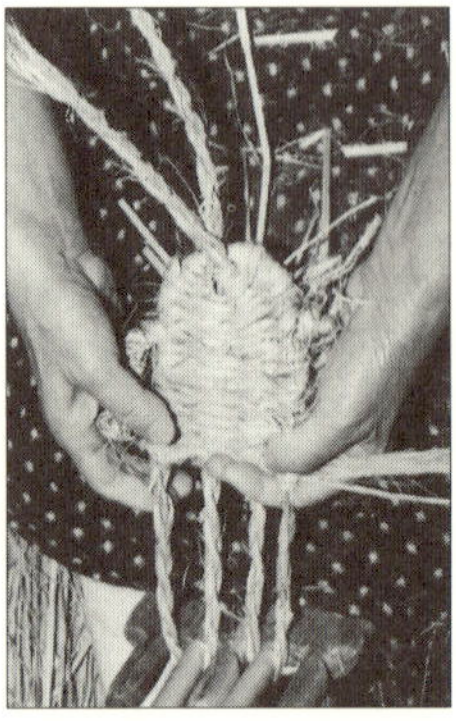

ユニークな人たち

海と畑と田と山の人たち

歌えや歌え　踊れや踊れ……

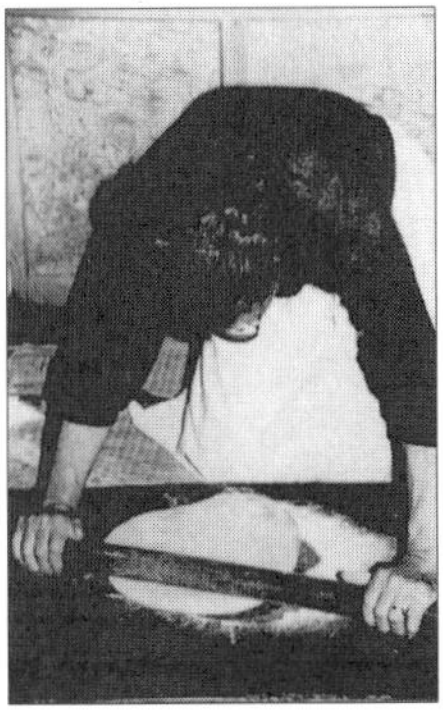

山と海と森と沼と温泉と……自然まるかじり

環境あ・ら・かると

最後に……

はじめに

この『アンの風にのって』は、一九九九年四月十日から、二〇〇一年三月三十一日まで二年間にわたり毎週土曜日の午前九時三十分から四十五分まで、東日本放送（宮城県仙台市）で十五分間テレビ放送された宮城県提供の県政番組をインターネットの「ホームページ版」にしたものを、さらにG. PAM COMMUNICATIONS 清水弘文堂書房―Tセンターがコンピューター編集システム（DTP）を最大限に使って、正味五日間の編集作業で「活字版」にしたものです。

テレビ放送とその「ホームページ版」は、宮城県内各市町村の自然や産物、人などを紹介する前半のコーナーと、宮城県の行政の今を紹介する後半のコーナーの二本立てで構成されていました。各市町村を紹介するコーナーは、『もの語り・みやぎ』と題し、そこにある木や石や産物などが、一人称の形でナレーションを発するスタイルを取っていました（「活字版」では、この手法はやめました）。また、月に一回程度は、アン・マクドナルドが、取材に出てアンの視点で見た宮城を紹介しました。

行政を紹介するコーナー『ハイ！　みやぎです』では、見て役に立つ生きた情報を伝えることを目指しました。このほか、『県からのお知らせ』で通常ふたつのお知らせをお送りしました。この番組のポイントは、取材対象に対する『アンのコメント』です。広い視野と絶妙のバランス感覚を持ったアンが、やさしく厳しくコメントするのが番組のウリでした。

この「活字版」は、前半のコーナーである『もの語り・みやぎ』と『アンのコメント』を中心に再現しました。長期にわたる放送であったため、活字にするとかなりの分量になり、そのすべてをこの本に収録することは、とうていできません。そこで、アンの専門分野のひとつである民俗学的見地に立って、「これは活字にして残しておいたほうがいい」とアンが思った番組と、これまたアンの専門である農業・漁業・環境・自然関連の番組を中心に「活字化」しました。宮城県が熱心に取り組んでいる福祉問題をあつかった面白い番組や、元気なお年寄りのユニークな「ものがたり」も数多くあったのですが、「活字版」で再録することができなかったのは、返す返すも残念でなりません。

テレビとインターネットのホームページに、ご登場していただきながら「活字版」では、やむなくご紹介することができなかった、すばらしい方々に心からお詫びもうしあげます。

『アンの風にのって』ミックスメディア・プロジェクトチーム

創《つく》る人たち

大和町　義肢装具づくり

「自分が障害者だからこそ、心のこもった義肢装具をつくれるのです」——と語る義肢装具士のお話。

宮城県大和町に、ケガや病気で失われた身体の一部や機能の代わりをする義肢装具をつくっている「小野義肢製作所」があります。ここで働く小嶋英和さんは、去年千葉県で開かれたアビリンピック（全国障害者技能競技大会）に初参加して、見事に「義肢の部」で金賞に輝きました。小嶋さんは、名取市の自宅から大和町の会社まで、毎日一時間半かけて車で通勤しています。小嶋さんは、二歳のときに、掘りごたつで大やけどを負い、義足を装着しまし

た。成長し、次第に自分の義足を自分でつくってみたいとの思いにかられ、高校卒業後「宮城障害者職業能力開発校」へ進みました。福祉機器科で二年間学び、義肢装具士になりました。「小野義肢製作所」で働く人は、みなさん障害を持った人です。義肢はさまざまで、ひとつひとつが手づくり品。患者さんの身長や体重によってもつくり方が違ってくるたいへんな仕事です。

小嶋さんは言います。

「骨折した人なら早く治ることを祈り、義足なら義足だと気づかれないようなものをつくりたい」

小嶋さんは、自分が障害を持っているからこそ、障害者の悲しみや苦しみがよくわかるのです。わかるからこそ、完璧な義肢装具をつくりたいと言います。

先輩の**小山秋雄**さんの小嶋さん評。

「熱心で、仕事や勉強を一生懸命やっているので、将来が楽しみです」

副社長渡邉功さんも、励ましの言葉を小嶋さんに送ります。

「ある程度伸びてきた。関係の病院の先生にかわいがってもらって、指導をよく理解してがんばってもらいたい」

それに小嶋さんが、にこやかに応えます。

「自分を指名して、つくってくれと言われるようなよい仕事をしたい」

頑張ってください！　小嶋さん。

アンのコメント

カナダでは、幼稚園から障害者と一緒に生活します。高校時代、日本に留学したら、まわりに障害者の人がいないので驚きました。でも最近は変わってきたようで、よいことです。同じ人間だから、同じ学校に通ったり、社会人として自然に人間同士として接することができるのが一番望ましいことだ、とわたしは思っています。

［一九九九年四月十七日（土）放送］

昔なつかしいドン菓子

宮城県一迫町一本松に住む氏家次男さんは、素朴で昔懐かしい味の「ドン菓子」をつくっています。

つくり方はいたって簡単で、お米に食紅を混ぜ、専用の圧力釜に入れて二十分間待つだけ。「ドン菓子」をつくる日は近所の子どもたちも集まってくる人気ぶりです。

二十分経ちました。釜に金網をセットして、蓋を開けます。その瞬間、バン！ という大きな音と白煙が出ると、網のなかには「ドン菓子」がいっぱい。子どもたちのあいだから歓声があがります。

「ドン菓子」は、地方によって呼び方が違い「ポン菓子」とも呼ばれています。こちらの地域では、つくるときに大きくドンと音がすることから「ドン菓子」と呼ばれています。

氏家さんは、毎年「ひな祭り」には、地元の小学校の子ども全員に「ドン菓子」をプレゼントしたり、近所の人に頼まれるとつくってあげたりと、なかなかの人気です。

味つけもシンプルで、お湯で溶かした砂糖をかけるだけ。今のお菓子では考えられないほど簡単なつくりです。子どもたちが群がって「おいしい」「うまい、うまい」と食べています。

今の子どもたちには新しい味、大人には懐かしい味と世代によって「ドン菓子」の感じ方は違いますが、それぞれにとても新鮮です。

アンのコメント

氏家さんの「ドン菓子」づくりを見て、カナダの懐かしい味を思い出しました。子どものころ、農閑期のころに、ウクライナ系カナダ人のおじいさんが、白い雪の上にメープルシロップをかけてカナダふうのかき氷をつくってくれたり、おばあさんが手づくりパンとかドーナッツとかジャムとか、いろいろつくってくれたりしました。おじいさんとおばあさんが、わたしたち孫のために甘い手づくりのおやつをつくってくれるあいだに、カナダの開拓時代の暮らしをいろいろ聞かせてくれました。

今日の「ドン菓子」づくりを見て、文化の形はさまざまですが、やはりおじいちゃん、おばあちゃんの手づくり食べ物を通じての文化伝承は、国境を越えてわかりあえるもののように思いました。

〔一九九九年六月二十六日(土)放送〕

東北で唯一の「焼印職人」

「焼印」とは、字の如く、焼いて押す印であり、今でいう印鑑、印刷の元祖です。

仙台市八木山の「**瀬川製作所**」は、東北で唯一、今でも「焼印」をつくっているところです。「瀬川製作所」では、明治二十年ごろから「焼印」づくりを始め、現在は三代目の**瀬川勉**さんが昔ながらの手法で「焼印」をつくっています。

瀬川さんが言います。

「全工程をやって、一日にしあがるのは十本ぐらいだね。十本もできたらいいほうです」

瀬川さんは二十六年まえに脱サラをして、父親の跡を継ぎました。昔気質の父親は技術を教えてくれず、見よう見まねで技術を習得したそうです。


文字を彫りあげて型をつくったあとは、型に流しこむ銅線をコークスの熱で溶かします。その間、瀬川さんは「焼印」の柄の部分をつくります。「焼印」は最後まで手作業でおこなわれるんです。

「これだけだから単純な作業なんですよ。ただ、これを持って行って売るとなれば、いろんなお客さんもいるし、たいへんですが。あとは、不器用なわたしでもやれるんですから、だれでもできます、本当に」

と瀬川さん。

銅線が溶けていよいよ型に流しこみます。「焼印」は百本流しこんだから、百本全部が商品としてできあがるわけではありません。型が崩れたり、欠けたりと最終的に、しあがるのは十本あまりです。

昔は饅頭やお酒の升に「焼印」が押されていましたが、今は神社のお札や茶道、華道の看板、お寿司屋の卵焼きなどに使われることが多いそうです。

型から出し、冷やしてから機械で磨きをかけてしあがりです。今日のできはどうだったんでしょう？

「今日のできはよかったですね。いつもは、なかなかうまくいかないんですが。まず、今日は成功の部類です」

と瀬川さん、ご満悦。

奥さんのちよゑさんが、かたわらから口を挟みます。

「どうしても焼印が必要なお客さんのためにも、大昔からの伝統を守りつづけていくためにも、やはり健康であって欲しいと思います。やはり、跡継ぎがいませんから、死ぬまでがんばっていただきたいと思いますので」

東北では唯一、全国でも数少ない「焼印」づくりの職人、瀬川さんには、いつまでも「焼印」の火を消すことなく頑張って欲しいものです。
＊瀬川製作所　TEL022－229－2911

アンのコメント

瀬川さんの仕事を見ていて、わたしは焼印を注文したくなりました。お弁当の卵焼きとか、ホットサンドイッチに自分の焼印があったら、なんかカッコイイと思いませんか。

瀬川さんが、現在東北で唯一の焼印の職人と聞いたときに、なぜかさびしくなりました。わたしは大学時代、日本の明治生まれの農山村の職人文化についていろいろ研究してきました。昔ながらの鍛冶屋さんとか、竹細工師とかの消えていく「手で考える人たち」の姿を何人も見ました。本当にさびしかったですね。

でも、やっぱり時代の変化によって職業の変化もやむを得ないことでしょうが、日本の職人文化の伝承は、いつまでも消えないで受け継がれていって欲しいと願います。

〔一九九九年七月三日（土）放送〕

高清水町の地域おこし

宮城県高清水町の「織り姫の会」は、町の活性化のために、今年二月に設立されました。現在会員は八人。毎月一回集まって、「手織り」でいろいろな作品をつくったり、発表したりしています。

――おや、今日はアンも来ていますよ。

会の代表は、町の地域づくりグループ「高清水ソフトウェアカンパニー」の代表、兵藤博行さんです。高清水ソフトウェアカンパニーは、高清水町に住んでいることに自信と誇りを持ち、民間としての自立性を大切にした「住民自らがおこなう町づくり」を実践するために設立されました。

高清水町に生まれたことに誇りを持ち、なんとか町を活性化させたいと考えた兵藤さんの活動は、フリーマーケットや蕎麦《そば》打ち、餅つきなどのイベントから福祉活動、講演会やビデオづくりなどさまざまです。

会の活動は高く評価され、昨年度の「宮城地域づくり大賞」を受賞しました。「高清水ソフトウェアカンパニー」では、子どもからお年寄りまでの幅広い住民が、さまざまな目線で地域を見つめ直し、住民が一体となった地域づくりを心がけています。

アンが手織りに挑戦しています。とても楽しそうです。

アンの感想。

「いろんなものをつくっているんですね。スカーフとか洋服だけじゃなくて、人形もカバンもマフラーも。本当にすごいですね。こんなにいろんなものがこの機械（機織り機）からできあがってくるのがすごいですね」

アンが聞きます。

「兵藤さんは、つぎにどんなプロジェクトを考えているんでしょう」

「プロジェクトと言えるかどうかわかりませんが、高清水に住んでいる人たちの昔の写真、大正時代から戦前・戦後そして今までの写真を収集しているんです。大体三百枚から四百枚ぐらいになっているんですけど、それを衣食住とかに分類して整理した形で冊子、印刷物にしたいなあと思っています」

と兵藤さん。

地域の活性化、地域づくりは自分たちの手で。兵藤さんたちの活動はこれからも広がっていきます。

アンのコメント

織り姫さんの作品——彼女たちは織り始めてから四か月しか経っていないのに、まるでプロみたいな織物をつくることができるなんて、すばらしいことですね。

農村、漁村、山村では過疎化、高齢化問題が深刻になっています。時代の波によってやむを得ない面もあるんですが、深刻であることは確かですね。

わたしは北海道から沖縄まで、いろんな町づくりフォーラムに参加してきました。そして成功例も失敗例もいろいろ見てきました。成功例の共通点は、行政があくまでもアドバイザー役で脇役のときですね。活性化プロジェクトの中心が、高清水町の兵藤さんや織り姫の女性たちのようなときです。

つまり、住民が主役の参加型町づくりが一番だと思います。ふたつ目のポイントは、プロジェクトの継続がなにより重要だと思います。兵藤さんがリードしている地域づくりを見ていると、つねに明日に向かっている積極的で自立性のある姿が、とてもすばらしいと思います。

［一九九九年七月十日（土）放送］

魚の剥製《はくせい》をつくる

宮城県一迫町で電気屋を営む菅原幸一さんは、生き生きとした魚の剥製《はくせい》づくりの名人です。

釣り好きの菅原さんは、暇さえあれば、お店の裏にある作業所で剥製《はくせい》づくりに取り組んでいます。

魚は皮が薄いので、剥製《はくせい》にするのは難しいのですが、研究に研究を重ね、本物よりも本物らしい剥製《はくせい》をつくることに成功しました。

菅原さんの説明。

「こけら（うろこ）の大きいものは、こけらを取らないようにしないといけませんね。こけらが一枚でも欠けると、おかしいですからね。いかに生き生きと見せるかということですね」

菅原さんの剥製《はくせい》は、頭や尾びれをあげたりさげたり、魚体をくねらせたり、大きく曲げたりと自由にポーズを取っています。また、ボディーに石膏や粘土を使わないので、縮んだり割れたりしませんし、のちのち色あせたりしません。

今では、菅原さんの評判を聞いて、宮城県内はもちろん、山形や秋田、岩手など遠方の人からも注文がくるそうです。剥製《はくせい》をつくる際に、一番大切なのが乾燥と着色作業。剥製《はくせい》を見ると、自然の色を残していると思う人も多いんですが、全部、菅原さんが色づけをしているんです。

菅原さんがつくった剥製《はくせい》の数々を拝見します。

大きく口を開けて、今にも噛《か》みついてきそうな迫力がある「ブラックバス」、北海道で釣りあげた体長五〇センチ以上ある「ヘラブナ」、エサに食いつこうとしている「イワナ」――いくつもの剥製《はくせい》が板づけにされて壁にかかっています。どれも本物以上の美しさ、迫力があります。

菅原さん、最後にいいことを言いました。

「自然破壊のために絶滅する魚なんかを残しておいたらいいんじゃないかなあってことは、

考えてますね」

釣りあげた魚を剥製《はくせい》にしたい方は、下記まで連絡してください。

＊お問いあわせ先　「K・スガワラ」　TEL0228－52－2588

アンのコメント

世のなかには、さまざまな趣味があるようですね。わたしはどっちかというと不器用な人間なので、菅原さんのような繊細なことはできません。わたしは昔、音楽をやりましたが、最近はスイミング――泳ぐことにのめりこんでいます。

菅原さんの剥製《はくせい》を見て本当に驚きました。彼の作品は、趣味というよりも職人芸に近いものですね。だからお金をもらえるようになったのでしょう。菅原さんの魚の剥製《はくせい》は、生き生きしていて、海や川のなかの動きが見えてくるような感じがします。

わたし個人の意見ですが、菅原さんの魚は宮城県の小学校や中学校に紹介できればいいなと思います。図鑑で見るよりも生き生きしているので、本物と接する機会の少ない生徒にとっては、いいチャンスではないかと思います。

話は変わりますが、国連のデータによれば、今現在地球に生きている魚の六〇パーセントぐらいは、絶滅の危機に瀕《ひん》しているんです。本当に絶滅するかどうかはわかりませんが、その意味では、菅原さんの剥製《はくせい》づくりは、本当に貴重な役割を果たせるのではないかと思います。

［一九九九年九月十八日（土）放送］

しめ縄づくり

♪もういくつ寝るとお正月！
一九九九年も残りあとわずか――お正月には欠かせない「しめ縄」のお話です。

気仙沼市田柄地区の農家は、この時期、正月に神棚や玄関などに飾りつける「しめ縄づくり」で大忙しなんです。

千葉秀夫さん・よつ子さんご夫婦。ふたりで「しめ縄」をつくり始めてから、もう二十年になります。朝の五時から夜の十一時まで一生懸命作業をしても、一日に五〜六本つくるのがやっとです。

秀夫さんが、きびきびした手つきで「しめ縄」をつくりながら言います。

「もの、買うとき、とりあえず持って来てくれって言うのっしゃ。これつくってから、あとで払うって」

「しめ縄」づくりは、農家の大切な冬の現金収入なんです。できあがった「しめ縄」は、こうして一本一本大切に居間に保管されます。千葉さんのお宅では、今年は、あと二百本をつくる予定です。

しめ縄は稲刈りが終わった十月の末から、刈り取ったワラから芯《しん》を抜く作業で始まります。一見簡単そうに見えますが、指先の皮がむけるなど、たいへんな仕事なんです。ワラの芯《しん》を抜いたら、今度は機械にかけてワラを柔らかくします。ここだけの話、機械がちょっと古いのでなかなか柔らかくならないんです。そのため、機械にかけたあと、さらに木槌《きづち》でワラを打ちます。

田柄地区では、およそ十五軒の農家が「しめ縄」づくりに精を出しています。**千葉栄**さんのお宅の本業は、自動車の板金ですが、師走の時期は「しめ縄」づくりが優先されます。地元のスーパーなどにも卸しているので、千葉栄さん宅では二千本をつくっています。なんと二千本！　この日は三人で作業をしていたんですが、いつもはおばあちゃんもやっていて、一家総出で作業をしているんです。まさに猫の手も借りたいくらいの忙しさなんです。

千葉栄さんの息子正さんも言います。

「十二月の二十九、三十日は一睡もしないでこの仕事をやる。（本業の板金）工場の方が二十五、六日ごろから休みに入りますので、もう完全にしめ縄づくりになるんです」

一九九九年は稲刈りの時期に雨が降って、ワラの色があまりよくありませんでした。お得意さんに「しめ縄」を届けるよつ子さんも、お客さんにどのように評価されるか気になります。

よつ子さん、お客さんに手渡しながら、

「しめ縄、今年も持って来たけど」

「どうもどうも、なんと立派にできたね」

「今年、ワラがわるいから色っこ少しわるいけんども、ほい、でも、まずいいとせねばね」

「んだね、立派でがす。お宅の買ってで、よそのなんてがさつで買えないもの。立派だ」

「みんなに喜ばれんの一番いいんだね、買っていただいて。まず、お父さんとふたりでがんばんのっさ」

田柄地区では、今日も朝早くから夜遅くまで「しめ縄」づくりがおこなわれています。一本一本の「しめ縄」にいい年が来ますようにとの願いをこめ、ていねいにワラが編みこまれていきます。
みなさんのお宅の「しめ縄」にも、そんなつくり手のやさしさがこもっています。

アンのコメント

千葉さんの話はなかなか面白かったですね。気仙沼市のしめ縄づくりの人たちは、現金がなくても生きていける――わたしにはないような生活力があるように思いました。手に職を持つということは、時代の波に左右されない強みではないでしょうか。しめ縄づくりの作業風景を見て感じたこと――生きたままで、つまり博物館に飾った状態ではなく、実生活のなかで日本の伝統を受け継いでいることに感心しました。

話は変わりますが、日本のお正月のように家族全員がひとつの家に集まって団らんするのは、カナダではクリスマスのときです。言い換えれば、とくにお正月の行事がないのです。カウントダウンくらいですね。

話は戻りますが、千葉さんをはじめ気仙沼の言葉というか方言がとても好きです。方言には暖かさがあると思います。よく表現できませんが、日本語の方言を聞くと、心の鎧《よろい》が溶けたように感じて、温もりのある会話がスムーズに交わせます。

［一九九九年十二月四日（土）放送］

「釜神」づくり

台所を守り、火の用心の神様として祭られている「釜神」――宮城県高清水町に二十年以上「釜神」をつくりつづけている人がいます。大場国男さん、七十六歳。

大場さんは十七歳で大工の親方に弟子入りし、三十八年間大工を務めましたが、心臓病を患い五十五歳で大工を辞めました。

大工時代に古い家を解体するたびに、木や土でできたそれぞれ表情の違う「釜神様」を見ては、だんだんと興味をひかれ始め、五十五歳から独学で「釜神様」を彫り始めました。

迫力ある「釜神様」たちの顔――大場さんは、どれひとつとっても同じ表情のものはないと言います。

「一番気を使うのはこの目とか鼻とかね。そいつが一番難しいんだからね。こういうところが欠けやすい。ノミの立て方、それが一番慎重に構えなくてはだめだね。釜神様のこの表情が大事。彫る人の顔にやや似てくるって言う人もいるけどね」

今まで数え切れないほど「釜神様」を彫ってきた大場さんですが、あるお店（食堂）に一番大きい作品が置いてあります。お店の奥にふたつ並んでいるそれは、大人の女性と並ぶと、同じくらいの丈があります。ひとつ彫るのに二週間ほどかかったそうです。

大場さんは、各地の公民館などで開かれる教室に講師として招かれ指導をしています。大場さんが知る限り、宮城県内で「釜神様」を彫っている人は四人しかいないそうです。

教室をきっかけに大場さんの弟子になった人が現在五人います。元高校教師の近江順さん（七十歳）もそのひとりです。去年の十二月に教室に参加して、今年一月に自宅を訪れ弟子入りを志願しました。今は一週間に二回、岩出山町の自宅から通って指導を仰いでいます。

近江さんの師匠評。

「やっぱり厳しいですよ。はい。だけど、厳しいだけでなく、なんていうか、やさしさっていうか、そういうものがある厳しさですね」

「釜神様」にはケヤキや栗の木などが適しているそうです。木材の大きさや長さなどによって「釜神様」の表情が違ってくるので、真剣に木材を選びます。

大場さんは言います。

「失敗っていうか、気にいらないものが出てくるんだね。いい木選んで、そして失敗ないように頑張んなくては」

二十年以上「釜神様」を彫りつづけてきた大場さんですが、まだひとつも満足のいったものはつくったことがないと言います。また、なにが満足できないのか自分にもわからない。だから毎日「釜神様」を彫りつづけるんだと大場さんは言います。

今日も大場さんは「釜神様」を彫りつづけています。

※大場国男さん TEL0228－58－2242

アンのコメント

こちらが大場さんがつくった「釜神」、なかなか迫力ありますね。もともと木の一部分だったのに、彫っていくと魂が宿って生き生きしてきます。わたしは「釜神」が好きです。「釜神」を見ると、世界各地のさまざまな〝面〟を連想します。日本であろうが、アフリカ大陸であろうが、ヨーロッパであろうが、世界各地でつくられるあらゆる〝面〟の表情には、人類のルーツの共通点が浮かびあがっているような気がします。

［二〇〇〇年二月五日（土）放送］

廃材で工芸品

茅葺《かやぶ》き屋根……懐かしい方も多いんじゃありませんか!? 昔はどこにも茅葺《かやぶ》き屋根の家がいっぱいありましたね。その茅葺《かやぶ》き屋根の家の精巧な模型をつくる人がいます。外観はもちろん内部までしっかりした模型づくりの名人は、角田市に住む、三浦祐《みうらゆたか》さん、七十六歳です。

三浦さんがすごいのは、材料はすべていらなくなった廃材を使っていることです。およそ二十年まえから工芸品をつくり始め、数え切れないほどの作品をつくってきました。

自宅に展示してあるのは、ほんの一部なんです。水車のミニチュアは実際にお米をつくことができるんです。三浦さんは形を真似するだけではなく、実際に同じ働きをするようにつくるんです。

三浦さんは、たんたんと語ります。

「いろいろなものをつくっていると、さまざまな難しいこともあって、自分の思うようには、なかなかできあがらない。でも、なんとかまとめている」

三浦さんご自慢の作品のひとつがお米を選り分ける「唐箕《とうみ》」です。昔、農家の人がよく使っていました。これまた、実際に使用できるんですよ、すごいですね。

タイムスリップしたのではないかと感じさせる昔の民家の模型もあります。住んでいる人の笑い声が聞こえてきそうな感じがします。壁や柱の色あいなど、まさに、古い民家そのもの。屋根はビールの空き缶を利用しています。室内もちゃんと電気がついて写真や神棚も飾ってあり、住んでいる人が出てきたとしても不思議な感じがしません。階段も精巧に再現されています。

三浦さんが今つくっている作品も家です。土台までしっかりとつくってあります。一体どのような家をつくりあげるのでしょうか？

「今つくっているのは入母屋づくりの家で、全体の釣りあいを取るのがなかなかたいへんなの」

日曜日になると、隣近所の人が三浦さんの家に集まってきます。三浦さんがどんな作品をつくっているのか気になるのと、もうひとつ別の理由のためです。

その理由とは？

「作品をほめるとお父さん（三浦さん）、気前いいんです。くれるんですよ！」

近所の人は、こもごも語ります。

「とにかく、なんでもつくるんだね！　そして、欲しいと云うと……三浦さんは持っていかいん！　といってくれるんです」

「このあたりでは三浦さんのつくるものは有名なんですよ」

三浦さんは、「つくりたいからつくっているだけ。つくる過程が楽しく、もらった人の笑顔を見るのがなによりも嬉しい！」と、さらりと言います。

アンのコメント

三浦さんは本当に器用な方ですね！　恥ずかしながら使い捨て文化のなかに生活している自分は三浦さんの作品を見て感銘を受けました。見事に廃材を再利用しています。みなさんはどうかわかりませんが、わたしは、最近の使い捨て文化の傾向が気になっています。まだ使えるものを平気で捨ててもよいとする傾向です。ゴミ処理の限界にきている日本やほかの先進国は三浦さんの持っている再使用の哲学を、もっと社会全体のパワーに育てなければ！　と思います。そして、商品開発の仕組みのなかに再使用の思想をもっと取り入れたら地球の新時代への転換になるかも知れません。

［二〇〇〇年二月十九日（土）放送］

竹炭にかける夢

岩出山町に住む高橋博之さんは一九九九年の三月に東京からUターンして、現在は両親とともに園芸栽培、稲作、農産物の加工などに取り組んでいます。

実は、高橋さんは、岩出山町に帰ってきたときから、町の伝統工芸である「竹細工」とは別なもので、全国に地元の「竹」をアピールしたいとの思いから、今年の三月から本格的に竹炭をつくっています。

二月中旬から一〇トンダンプ六台分の土を自宅まえの田んぼに運び、自分で窯《かま》をつくりあげました。今は竹炭のほかにナラ炭もつくっています。

アンが、その窯《かま》を訪れます。

「ごめんください。今なにをしているんですか？」

「炭を焼きまして、その取り出し作業をしているところなんですよ」

「竹の炭って珍しいんですか？」

「最近よく出回っているんですけど、やっぱり木とは違う性質があって、注目されていると は思うんですけどね」

「なんか（普通の）炭と違う特徴とか、あるんですか？」

「性質といいますと、例えば脱臭剤とか調湿剤とかで使われる部分で言いますと、竹のほうがなかの空間の部分で、表面積じゃなくて容積の面で広いもんですから、そのへんで性質上優れていると言われてますね」

一回に一トンの竹を焼いて、およそ二百〜三百の竹炭ができます。火を入れてから炭になるまで二週間ほどかかります。窯《かま》のなかに入って、炭を取り出すんですが、なかはサウナ状態。実にたいへんな作業です。

最初は炭焼きに反対していた両親ですが、今では炭の取り出し、袋詰めなどを手伝っています。

父の啓市さんが言います。

「われわれの年代はもう、あまりにも昔のものを引きずってますからね。これよりも新しいものに挑戦っていうとできませんよね。子どもでないとできないものがありまして、そういう意味ではやっぱり頼もしい反面もあります」

若い高橋さんをバックアップしてあげようと、地元の商店も応援しています。あるお店では、高橋さんの焼いたナラ炭を使い、饅頭を乾燥させているほか、店内で炭の販売もおこなってくれています。

高橋さんは今日も竹を焼きつづけます。

竹の町！　岩出山が自分の炭で活性化されることを夢見て！

アンのコメント

高橋さんがつくる竹の炭は、つやがあって美しさのある炭のような感じでした。

西洋にも炭の文化はありますが、竹の炭は日本をはじめ東洋文化独自のものです。一見デリケートな表情に見えますが、その芯《しん》に静かな底力があるという印象を受けました。多少おげさでしょうが、竹の炭は日本をはじめ東洋文化のいいシンボルのように思います。

今年の夏、宮城大学のゼミの一環として、学生とわたしの古里カナダへフィールドワークに行きますが、そのときにお土産に高橋さんの竹の炭を持っていこうと思っています。ふたつの理由があります。ひとつは日本の文化の紹介になるからです。ふたつ目の理由は高橋さんの竹の炭のなかには国境をこえる、ほかほかとした「もの語り」が包まれています。つまり親子の話です。息子さんが東京から帰ってきたときに、おたがいに言葉にしにくい戸惑いはあったでしょう。それを乗り越えておたがいに支えあう炭焼き作業。親子のチームがうちとけあっていることは、作業場を見ればわかります。高橋さんの親孝行の姿を自分のなかに包んでおきたいと思います。

［二〇〇〇年五月二十七日（土）放送］

牡鹿町「鯨歯《げいし》工芸品」

牡鹿町、鮎川港は明治時代から沿岸の捕鯨基地として広く知られ、現在でも、調査捕鯨の鯨類を捕獲しており、貴重品となった鯨料理も地元で味わうことができます。

「おしかホエールランド」では、鯨の進化や生態、捕鯨の歴史などを模型や映像を使ってわかりやすく解説しています。「オス」で最大体長一九メートルあまりにもなるマッコウクジラの「歯」が、工芸品をつくるのに一番適しているんです。

お土産コーナーでは、「マッコウクジラ」の歯を素材にしたブローチやペンダントなどが売られています。鯨の歯でつくった鯨歯《げいし》工芸品には、なんともいえない味わいがあります。

牡鹿町鮎川浜に住む**千々松**さんは、五十五年以上、鯨歯《げいし》工芸品をつくりつづけています。当初は、国内よりも台湾や中国などからの注文が多く、おもにアジア諸国に輸出していたそうです。

最近は牡鹿町を訪れる観光客のお土産に、煙草のパイプ、印鑑、アクセサリー類などを製作しています。

捕鯨の中止から十年以上もたち、「マッコウクジラ」の歯は手には入りません。千々松さんは、昔購入した原材料を使っており、この在庫がなくなると、もう製作はできません。

千々松さん、インタビュー。

「鯨は増えて、だいぶいるっていうことだからね、かならずまた復活すると思ってね、確信持って今日までやってきてるし、将来もそういうつもりでやりたいですね」

「鯨歯《げいし》工芸品には、一体どんな魅力があるのでしょうか？」という問いに対して、千々松さんは鯨の歯は象牙よりも硬く、使うほどに光沢が出ることから、好んで求める人が多いことを強調します。

「鯨の歯っていうのは使うものによって、愛着心が出てくるんだね。例えばパイプの場合は、自然とチョコレート色になっていくんですよね。印鑑の場合は朱肉の色が染まってね、メノウのようになるんですよね。それから、装飾類は手の脂肪ですかね、触って使うたびに手の脂肪分でベッコウ色になっていくんですよね。だから、使ったお客さんは、なんとなく愛着心を持つので、今日までお客さんに好まれてきたんだね」

千々松さんは同じ鯨歯《げいし》職人の父親に指導を受け一人前になりました。父親の教えはとても厳しく、ときには奥さんのまえでも殴られたそうです。

しみじみと述懐します。

「叩きこまれて習ったのが、今になって実っているわけですね。だからこの仕事に感謝しているわけです。もちろん、親にも感謝してますよ。親からね、特殊な技術を習った以上はね、生きているうちはやりたいと思っているね」

原材料のマッコウクジラの歯はもってあと十年。それまでは、父親の教え、お客さんへの感謝を忘れず、鯨歯《げいし》工芸品をつくりつづけていきたいと千々松さんは言います。

みなさんも、牡鹿町においでの際にはぜひ、鯨歯《げいし》工芸品をご覧ください。

アンのコメント

鯨の歯は磨くとすばらしいつやが出ますね。Beautiful isn't it?

昨夜は両親の三十八回目の結婚記念日でした。お祝いの電話をしました。母はわたしの仕事ぶりが見たいから今度日本に来るといいます。

わたしはときどき、両親とEメールのやりとりをしています。インターネットのおかげで日本とカナダのあいだにある距離は、ある程度縮められました。わたしの場合、異文化の日本で仕事をしていますので、仕事の内容は両親にはなかなか伝えにくいものです。うれしさ半分と戸惑い半分ですね。

千々松さんは今の時代の波に乗らないで、昔ながらの職人の世界の人ですね。仕事と家族がひとつ屋根の下で、ひとつの絆でつながっているようです。わたしの勝手な思いですが、千々松さんのお父さんはきっと天国から、一人前のプロの職人になった息子さんの仕事ぶりを心からほほえんで見ていることでしょう。

［二〇〇〇年七月一日（土）放送］

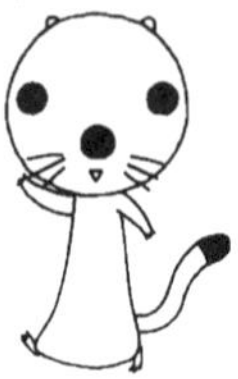

宮崎町「能面に魅せられて」

宮崎町に住む沼田陸郎さんは、能面を製作するために、自宅に地下室をつくり作業場にしています。

沼田さんは五十歳のときに、宮城県内で能面の第一人者といわれる師匠に弟子入りし、二十年以上、能面をつくりつづけています。

およそ八十種類ほどの能面があるのだそうですが、それぞれの形や大きさに規格があるため、創作のものはなく、本物と同じ寸法の型紙を当てながら少しずつ削っていきます。

沼田さんは一ミリ違うだけで、能面の表情がガラリと違ってくると言います。それだけに、とても奥が深く、制作には時間もかかり集中力を要します。

沼田さんは小さいころから彫刻家を夢見ていましたが、戦後、間もないころは、食べるのが精一杯で、彫刻家になる夢はかないませんでした。

「食うので精一杯でしたはー。みんなそんなもんじゃないかな。おれだの年代の人はみな、ほだなもんだね。自分のなりたいものになった人はまーず、二割でないか。十人のうち、ふたりいれば、満点だべな。むちゃくちゃでした。食うためにみんな（仕事を）やってたんだべ。だから、今でも残念だと思っている人は相当いるんでないかな。おれだの年代では。それにくらべて、今の人は、なんでもあって、食いだいもの食って、好きなことできてねー」

一度は諦めた彫刻家への夢。こうして好きな作品を彫れる今が一番幸せと、沼田さんは言います。

あくまでも沼田さんの能面づくりは趣味なんですが、今までの作品を飾るために、自宅裏に展示室までつくるこだわりようなんです。

沼田さんは現在までに、四十五種類九十面を制作しました。一種類を二面ずつつくったのは、一面は展示室に、もう一面は町に寄贈するためにです。今までつくったなかで一番難しかったのが、「獅子口」だそうです。

手元にその能面を引き寄せながら、「この面ですね。この面。一番デラックスだし、時間もかかるね。こいつで一番難しいと思ったところは、舌ね。自分でいいなーと思っても、本職の人が見ればどうかなーって言うのがあるんですよ」

沼田さんは、青春時代の甘く輝かしい「夢」が広がっているこの部屋で、好きな音楽を聞きながら、能面をながめているときは、なにもかも忘れ、リラックスできるそうです。

「なんていうかな——……静寂な感じはするね。それに、飽きないっていうことですね。いつまで見てても能面は」

沼田さんの夢は、およそ八十種類あるといわれる能面を全部、自分の手で彫ることです。

奥深い能面に魅せられ、五十歳から始まった青春。わたしたちも一度、小さいころの夢を思い出してみませんか！

アンのコメント

五十歳で第二の人生のスタートを切るというのは、なかなかたいへんなことだと思いませんか。

沼田さんの話を聞いて、思わずわたしの母の人生とダブりました。実は母も、二十年ぐらいまえに第二の人生をスタートしました。三十七歳にしてふたたび大学に入学して、小学校の教師になる勉強を始めました。カナダでも当時、考えられなかったことでした。しかし、母は大学に行きながらでも、わたしたち五人の子どもの面倒はしっかりみてくれました。今になって思うのは、母の勇気と行動力です。それに感心します。それに、大学入学を認めた父の理解力もすごいなと思います。

母の姿を見て思うのは、何歳になっても夢を諦めずまえへまえへ進むということでした。また、母に感謝しているのは、彼女の知識が広がっていくことによって、わたしたちもその知識を得て、一緒に大きくなることができたことです。沼田さんも五十歳から夢を諦めず、実現させたということは自分にとっても、家族にとっても財産になったのではないでしょうか。

［二〇〇〇年八月五日（土）放送］

一迫町「墨絵の達人」

ここはのどかな田園が広がる一迫町。とある一軒家に達人はいました。「墨絵の達人」です。

なにやら先ほどから静かに筆を走らせていますが……**千葉貞夫**さん。地元では有名な墨絵の〝ダッジン〟なんです。

千葉さんは左手一本で描いています。えっ、どこが達人かって？　待ってください、これからその由来をお話しますから。

実は千葉さん、右半身がまったく動かないんです。

四十九歳のときに突然病に倒れ、それ以来、右半身不随になってしまいました。そのため、得意の墨絵を描くときだけでなく、生活のすべてを左手一本でこなしているのです。

今は懸命なリハビリのかいもあってひとりで歩けるようになったそうですが、まだまだ日常生活の不自由さは十七年経った今でも慣れるものではありません。出かけるときなどは、まだまだ家族の助けが必要になります。

そんな千葉さんの楽しみは、毎月二回、町の「**老人福祉センター**」でおこなわれる「**生き生き墨絵教室**」に参加することです。この日も大勢の会員のみなさんが熱心に筆を走らせていました。

平成元年に墨絵教室ができて以来、会員数も年々増えつづけ今では三十人までになりました。

会員のみなさんも、なかなかの筆づかいで絵を描いています。

墨絵に使う墨は書道の墨とは違い、少し青みがかった青墨を使います。真っ白な紙の上に広がる深みのある色あいと、濃淡のバランスひとつで絵の表情がまったく変わる難しさが、墨絵の魅力だといいます。

千葉さんもその魅力に取りつかれたひとりです。

現在は「墨絵の達人」とまで呼ばれる腕前になりましたが、もともと千葉さん、体に障害を持つまでは、墨絵どころか絵を描くことすらしない人でした。最初はリハビリの合間に自己流で描いていただけでしたが、次第に墨絵の奥深さに魅せられて、「墨絵教室」に参加し本格的に始めたそうです。

そして、そのとき出会ったのが**中鉢仁**先生でした。

「教室での達人の評判はどうなんでしょうか？」

と中鉢先生に質問をぶつけると、

「もともと絵は上手ではあるけど、本格的な絵じゃなかったね。ところが、ここ（墨絵教室）に入ってからめきめきと上手になってね、今日に至ってるんです。なかなか上手ですよ。生徒さんたちもね、右手で描いてもやはり千葉さんのような絵を描けないんですよ。ところがやはり千葉さんは、非常に上手になってきてね、どこで見てもだれが見ても、『あっ、これは千葉さんの絵だな』というふうにわかるから、それでいいんですね」

「墨絵教室」の参加者のひとりがいいます。

「右手でもたいへんなのに、左手でやっているってすばらしいなと思います。わたしは千葉さんをね、わたしの将来の鏡にしてます。もし、わたしが障害があっても描きつづけられるっていうね、気持ちをわたしに与えてくれる方です」

個性的な絵を描くことで評判の達人、千葉さん。人々を魅了するその絵は、障害との葛藤《かっとう》のすえ描いてこれたものです。

墨絵をきっかけに、それまで障害に負けていた自分をふたたび生き返らせることができた。そう千葉さんは話します。

「病気になったときはね、もう、つらくて涙ばかり出てね、しょっちゅう泣いていたんですよ。そして、こういうね、みなさんがね、頑張ってやっているのに、泣いてばかりいられないんだなというような気持ちでね、ま、こういう道さ入ったらば、第二の人生さ入ったらば、しょうがないなと思ってね、頑張るしかないなと思ってね、やってるんです。そして、明るくなってきたんですね。今まで暗い気持ちでおったのが、明るくなって動かない手も動くような気持ちでね、たいへんよいと思います」

墨絵教室に通い始めてから、生活に生き甲斐を見つけだし、性格も明るくなった千葉さん。今では、庭の草取りや植木の剪定《せんてい》、畑の草取りまでするほど回復しました。

今まで描いてきた作品の数は、数千枚にもなるといいます。しかし、その作品のほとんどは、親戚や隣近所の方にあげてしまったそうです。今、残っているのは自分の部屋に飾られている何枚かの作品だけです。

墨絵を描き始めてから三、四年くらいは夢中になって描いていたそうですが、今ではゆっくりと一枚一枚、落ち着いて描くようになり作品自体にも磨きがかかってきました。

千葉さんの一番のお気に入りの作品は、「松原」です。宮城県内のシニア美術展に出展した自信作で、全体のバランス、背景のぼかしがうまくしあがったと千葉さんは言います。部屋に飾ってある作品のひとつひとつは、十七年間、力強く障害と戦いつづけてきた証なのかも知れません。それらの証には、筆と墨をもって、左手一本で障害に立ち向かってきた思いがこめられているのでしょう。

墨絵との出あいをきっかけに、第二の人生を歩み始めた千葉さん。それまでは、家のなかでぽつんとひとりでいることが多かったそうですが、墨絵教室に通い始め、多くの仲間ができました。そして、墨絵という新しい目標を見つけ、日々、生きる喜びを感じています。

多くの作品に囲まれて、毎日のように絵を描いている千葉さん。今の千葉さんにとって、墨絵は切っても切れない生活の一部になっているのです。この十七年間を振り返ってみて千葉さんはこう語ります。

「こういうこと始めたのでも、障害から立ちあがらなくてはだめだ、という気持ちは十分あったね。墨絵があったからこそ、やはり、自分も生き延びてきたんじゃないかなと思ってるんです」

墨絵に対する情熱は何年経っても変わりません。達人と呼ばれているけど、自分はただ墨絵が好きなだけと、照れながら筆を走らせていました。

最近は墨で描いた絵に、顔彩というもので色をつけて絵を描いている千葉さん。作品のなかにも、色つきの墨絵と書道を組みあわせたものがあります。

これからも、ただ墨絵を描きつづけていくだけでなく、さまざまなことに挑戦して、もっと墨絵を楽しみたいと千葉さんは言います。

「左手一本で墨絵を描く達人」千葉貞夫さん。第二の人生は墨絵とともに始まりました。千葉さんのように、ふとしたきっかけで、人は強くなれるのかも知れません。みなさんも、情熱を燃やせるなにかを見つけてみてはどうでしょうか。

アンのコメント

千葉さんの精神力に感銘を受けました。

千葉さんの人生物語を聞いていていろいろ考えさせられます。とくに普段、わたしがいかに自分のポテンシャルを試さないままで生きているのかを痛感しました。ある意味では自分が、自分の限界をつくっているような気がして仕方がないのです。例えばわたしは左利きで、できるだけ右手を使わなくてすむように、いつもいつも無意識に生きているんです。わたしも千葉さんの生き方や精神をモデルにして自分の持っている可能性を諦めないで、めげないでもっともっと広げて引き出していきたいと思います。

実はわたしの祖母は脳溢血症で倒れて、半身麻痺になってしまいました。残念ながら彼女は立ち直らないままで十年間ぐらい、もうほとんど寝たきり状態で過ごし、この世を去りました。祖母のような人生の最後の幕——今でも心のなかでは重い思い出になっています。その意味では千葉さんは立ち直ることができて、第二の人生のスタートも切れて、もう本当にミラクルだと思います。

〔二〇〇〇年九月九日（土）放送〕

雄勝町「硯《すずり》職人めざして」

雄勝町は硯《すずり》の産地で有名です。

これまた有名な伊達正宗公も愛用していたという雄勝の硯《すずり》は、昔から土地の職人が一刀一刀、手彫りでつくってきました。しかし、今ではその伝統的な技も受け継ぐ者が少なく、現

役の職人も町全体で十四人あまり、高齢化も進んでいます。

そんななか、厳しい職人の世界に飛びこんできたのが、**小西正夫**さん、二十四歳。去年の春、関東の大学を卒業して硯《すずり》職人めざし雄勝町の「**硯《すずり》生産販売協同組合**」に就職しました。小西さんは埼玉県出身で、ここに来るまでは、雄勝のことも、ましてや雄勝が硯《すずり》で有名なこともまったく知らなかったそうです。

はじめて来た雄勝で、はじめて会った硯《すずり》職人に「これだ！」と感じて、この世界に飛びこんできた小西さん。現在、「**雄勝硯《すずり》伝統産業会館**」のなかにある硯《すずり》彫りの実演コーナーで一人前の硯《すずり》職人めざして日々修行中です。

ここに来たころは、一日一丁彫るのがやっとだった小西さんも、今では道具にも慣れ、一日四丁は彫れるようになったそうです。それでも一人前の硯《すずり》職人は倍の十丁は彫るんですから、まだまだ道のりは険しいのです。

そんな、厳しい職人の世界を生き抜いてきたのが、小西さんの師匠、**今泉新平**さん。この道五十年の大ベテランです。

それにしても師匠は、見事な腕前です。簡単そうに見えますが、相手は石ですよ！　みなさん！　均等な力で平らに彫るのが職人技なんです。小西さん、なかなか師匠のようには、すんなりいかないようです。

今はただ、毎日教わることを自分のなかに吸収するだけですと話す小西さん。今泉さんも、そのまじめで謙虚なところに感心しています。

今泉さんは言います。

「年数のわりにはね、かなり（技術が）よくなっているけどね。技術はいいと思うんだけどね。飽きないか？　ってたまに聞くと、そんなことないって一生懸命やるからね。それだけに、教え甲斐もあるんだね。ただ、ぶらぶらしてやっていたんじゃ、うまぐないがらね。修行だがらね」

それを受けて小西さん、

「ここに見に来て、それで職人さんの仕事を見て、それでやってみようかなと思ったところですかね。ほんとになんにもないところから、つくっていくところが楽しいですし、やっぱ、そういうところが一番の魅力でないですかね」

硯《すずり》を彫り始めたころの作品と最近彫ったものとを比べると、しあがりがまったく違います、小西さん、着実に伝統技術を吸収しています。

「硯《すずり》生産販売協同組合」理事長の澤村文雄さんが、こう締めくくります。

「雄勝町も人口が減っていますので、なるべく早めに結婚して、ずっと雄勝町に永住して今後、二十年、三十年経ちますと今度、反対に先生の立場になりますから、今からいろいろ経験して参考にして、（将来は）講師になっていってもらいたいなと思っているんですけど」

雄勝町で唯一の若手硯《すずり》職人、小西さん。将来、雄勝の硯《すずり》をしょって立つ期待の星！ みなさんも、雄勝町に足を運んだ際には、一言、彼に声をかけてあげてください。

アンのコメント

今の日本の社会では小西さんのような若い人が職人の道へ進むのは、なかなか珍しいことだと思います。わたしの希望を言わせてもらえれば、小西さんのような若い人がもっともっと、どんどんと日本の独特な伝統や文化を受け継いでいって欲しい。小西さんへエールをおくります。

［二〇〇〇年九月三十日（土）放送］

仙台市「伝統の技！ 畳職人」

突然ですが、みなさんのお宅には畳の部屋はどのくらいありますか？ 最近の新しい家に

は、フローリングの部屋が増えてきて、昔ながらの落ち着いた、いい香りが漂う畳の部屋は少なくなってますよねー。

あっ、これは失礼。ちょっと言いすぎたかも……畳の部屋が少なくなっているとはいえ、やっぱり日本人には畳が一番あうんじゃないですか？　そうでしょ、みなさん？

街角で「畳インタビュー」をしてみました。

「一部屋全部畳です。気持ちが安らぐって言うか、落ち着けるんじゃないでしょうかね」

「うーん、ダニのことを考えればフローリングのほうがいいんだね。拭きやすいし、すぐ乾くし」

そんなこと言わないでくださいよ、お母さん。畳にも、長いあいだ、日本人の心をつかんできた深い魅力があるんですよ。

仙台市にある「**八正《やしょう》畳商工**」には、伝統の技を守りつづけている畳職人がいます。**八幡《やはた》正《ただし》**さんは、この道五十年の大ベテラン。代々、畳職人の家系で、親父さんの背中を見て育ちました。

今、八幡さんがつくっているのは、「拝敷《はいし》き」というものです。おもにお寺などで、僧侶が仏前に座るときに用いられる畳です。

実はこの「拝敷《はいし》き」、ベテランの職人でも難しいほど、高い技術を要します。また、ひと針ひと針、手縫いで寸法を確認しながら縫いあげるため職人の技術はもちろん、時間もかかるのです。それに普通の畳とは違い注文が少ないため、その技術を持つ職人も、受け継ぐ者も少ないのが現状なんです。

昨年、八幡さんは宮城県からその技術を表彰されました。県内では二十人ほどしかいない卓越技能者です。

八幡さんのつくった「拝敷《はいし》き」は、縁の紋様がきれいにまとまり、たるみなくしあがっています。さすが、職人！　見事です。

八幡さんの独白。

「難しいって、全部難しいです。手縫いで全然見ないで縫ってるでしょ。いわゆる勘です。だから途中、小差しでちょっと測りながら縫っていくの。そして、またこの勘をつかんで縫っていって、そしてまた確認しながら縫っていくわけ。だからずっとは縫っていけないわけ」

十三年まえ、息子の正利さんも親父さんと同じ畳職人の道を歩み始めました。そして、その技術は親から子へと確実に受け継がれています。

息子の親父観。

「口はわるいですけど、腕はいいですね。あと、やっぱりあんまり誉めることしないんですけども。やっぱり頭にくるときもありますけども、自分の師匠でもあるんで、それなりにうまくやってますけども。まだまだかなわないですもんね。やっぱり親父ができてわたしができないことっていうのは多々ありますもんね」

最近では畳の製造もオートメーション化しており、職人が手がける畳の仕事は少なくなってきています。そんななか、八幡さんは、畳の技術もさることながら、気軽に畳の相談に乗ったりと　その人柄がお客さんに好評で、むしろ、仕事の量は増えているそうです。

お得意さんのひとりは、こう言います。

「息子さんとふたりですからね、調子よくあわせてやってるもんですからねー、見ててもほほえましいですよ。あと継ぎさんがいらっしゃってね」

八幡正さんの息子観。

「まず、親から見れば、まだまだだねえー。だから、おれの丈夫なうちにちゃんと手ほどき教えるわけでないけど、見てて覚えなさいっ！　って言うんですけど。昔は見てて覚えろって言ったんだからね。期待することって、やっぱり、いわゆるお客さんは神様だから自分の技術をあまり過信しないで、お客さんに誉められるような、そういう親方になってもらいだいな」

畳のよさを五十年間伝え、守りつづけてきた職人だからこそ息子に対する、まなざしは厳しく、妥協を許さないのかも知れません。「畳は日本の気候風土にマッチした優れた敷物」と頑固一徹に語る八幡さんの目は輝いていました。

畳一筋五十年、頑固な畳職人のお話でした。

アンのコメント

畳は懐かしいです。外国人がそれを言うのはおかしいでしょうが、実は畳の材料になる「い草」はわたしの日本研究の原点です。十一年まえに熊本大学に留学したときに体験学習で「い草植え」をやりました。い草植えは機械化されていない農作業のひとつで、全部人の手によるたいへんな重労働です。そのたいへんな重労働をやりながら、戦前、戦中をすごしたおばあちゃんやおじいちゃんのいろんな話を聞いて、まるで窓から別世界を覗いているような気分になりました。い草、畳への強い思いがあるから八幡さんのような貴重な職人さんと出会うと、なんか鳥肌が立ってしまうのです。

今、日本では畳を使う家がだんだん少なくなっているなかで、八幡さん親子を見ると、このふたりはほんとアメージングな、すばらしい人物だなあと思います。

［二〇〇〇年十月七日（土）放送］

ものづくり最前線「みやぎいいモノ・テクノフェア2000」

二十世紀は人類にとって躍進の世紀でした。さまざまなものづくりの現場で、昔ながらの伝統技術と新しいハイテク技術がそれぞれ発展、融合をくり返し、今日の快適な生活環境をつくりあげてきました。このような技術の進歩の影には、開発者のなみならぬ努力とつぎこまれた膨大な時間があります。宮城のものづくりとハイテク技術の最先端をご紹介します。

二〇〇〇年十月二十七、二十八日の二日間「夢メッセ・みやぎ」で「みやぎいいモノ・テクノフェア2000」が開催されました。二十一世紀を目前にして、新技術・新製品の開発に取り組んでいる宮城県内の企業や先端技術を持つ学術機関などが集まり、みやぎのものづくりを広く紹介しました。

■医療

近年、医療分野での技術の進歩は著しく、わたしたちの体の一部も人工のもので代用できるようになりました。一見機械の部品にしか見えない人工股関節を開発したのは、鉄鋼製造メーカーです。長年の鉄のノウハウを生かし、十五年まえから医療分野での製品開発に取り組んできました。この人工股関節は、長期にわたり安定した固定能力を期待できるほか、生体内での影響も少ないということですでに実用化され、取り入れられています。

最先端の技術は、わたしたちの健康維持にも大きく貢献しています。

■福祉

展示会場の福祉ゾーンでは体の不自由なお年寄りや障害者向けに、さまざまな福祉用具を提案しています。

軽量電動車椅子は、これまでの電動式の車椅子に比べ軽量でコンパクトになったほか、坂道で操作レバーから手が離れても自動的にブレーキが作動するなど、より安全性を重視して設計されています。また、車椅子を使っている人の意見も取り入れてつくられた昇降リフトつきバスなども展示されていました。

そのほか、身近なものでは、杖にも細やかなアイディアが盛りこまれています。

福祉用具メーカーの担当者が説明します。

「杖が斜になったときに、普通はゴムチップ自体がどうしても縦になってしまうんですね。ですから底の部分が地面につかない、斜になると結局そういった形になります。ですからなるべく滑らないような形で斜になってもゴムチップの底が一〇〇パーセント地面に着くように工夫しました。安全性というのを考えております」

高齢になると、ちょっとした転倒が原因で、大きな怪我や寝たきりにつながることが増えてきます。このように、ものづくりの現場では、つねに「使う人が一番」というコンセプトが貫かれています。

■環境・エネルギー

つづいては環境やエネルギーをテーマにした展示会場を見てみましょう。訪れた人は熱心に、太陽光や風力を利用した新しいエネルギーの説明や展示を見ていました。こうした環境保護やリサイクルへの関心は、近年、企業のあいだでも高まっており、積極的に取り組んでいるところが増えています。

会社の食堂から出る生ゴミを利用して肥料をつくるなど身近なところからリサイクル活動に努めている企業の出展もあります。

また、今までにはなかった画期的なリサイクルシステムを開発した企業もありました。きれいな黄色の液体があります。実はこの液体、グレープフルーツの果皮から抽出した成分で、発泡スチロールを五十分の一に縮めてしまう驚きの性質を持っているんです。

メーカー担当者の解説。

「ぶくぶく泡が出ているのが空気です。空気をどんどんどんどんこの液が抜いてます。それで、あっという間に発泡スチロールを五十分の一に減容（容積を減らす）してしまいます」

不要になった発泡スチロールはどうしてもかさばってしまい、邪魔になってしまいます。ご家庭でも処分に困り、そのまま燃えるゴミに出してしまうケースが多いと思います。しかし、このグレープフルーツに秘められたパワーを使って発泡スチロールを収縮してしまえば、簡単にリサイクルが可能になります。溶かすわけではないので、何度でも溶液は使えますし、ガム状に残った廃発泡スチロールは接着剤などに再利用されます。もちろんグレープフルーツの成分なので人畜無害です。

来場者も感心しています。

「溶けるんじゃなくて、縮まるっていうのがすごかったです」「グレープフルーツの油が発泡スチロールをあんなデロデロにするとは思いませんでした。ためになりました」

■精密技術

日本人の得意分野といったらやっぱり、細かな作業を要する精密技術でしょう。このコーナーでは伝統技術とハイテク技術が生んだ、まさに職人技ともいうべき、精密なものづくりを展開しています。

大正十四年創業のある会社では、いち早く工業用機械刃物に着目しました。寸分のくるいもなく、正確さと精密さを追求した質の高い製品をつくっています。

このような精密技術は、七十年あまりの長い経験とたゆまぬ努力で培《つちか》われ今日では世界五十数か国で高い評価を受けています。

「**みやぎものづくり大賞**」の展示場では工芸品をはじめ宮城県内で生産された優秀な商品を表賞し展示していました。

グランプリを受賞したのは、木製のバッグです。遊び心がたっぷりと詰まった今までにはない斬新なアイディアと独創性がキラリと光る作品でした。高度な木の加工技術と職人の技をもってなせる技ありの逸品です。

そのほか、地元の名産品を手軽に味わえるようにと加工された食品や、優れたデザインと手間暇かけてつくられた品質の高い商品が展示されていました。

福祉をモチーフとして人間とロボットのよりよい関係を目に見える形で発表したコーナーもありました。ロボットは人間のよき仲間という意味をこめてパートナーロボットと名づけられていました。

デモンストレーションをしているパートナーロボット――ジュースの入ったコップを人間の指示した声を認識して指定した場所に運んでくれるロボットです。見事、ロボットはジュースを運ぶことができました。

人間にしてみれば単純な動作も、ロボットにやらせるとなると複雑なプログラムが必要です。開発者のみなさんもコンピューターを使ってロボットとにらめっこです。

「石巻専修大学ロボット研究会」の廣井富さんのお話。

「ここで考えるロボットというのは本当の鉄の固まりとか、そういうのではなくてちょっと和ませたり楽しませたりと、そういう感じのロボットと位置づけています。人間がちょっとやろうと思えばできるんですけれども、ちょっとしたことは（人に）頼むのにもたいへんだということでロボットにやらせようかと思いました。とにかく人間と一緒に楽しく過ごせるんだというところをアピールしたいですね」

みやぎのものづくり最前線の誌上紹介、みなさんいかがでしたか。会場内には実にさまざまなものが展示され、目を見張る優れた逸品や驚きの技術ばかりでした。そして、どれもがわたしたちの生活のどこかに取り入れられているものばかりでした。

ふたたび来場者の感想。

「とても参考になりました。いろいろパソコンとかに触れてみて、自分の家にないもんですから、こういう機会があってとてもよかったと思っています」「コンピューター作曲が一番目当てで来ました。すごいですね、いろいろあって」「とくに福祉とか環境のほうを見たかったんで、ためになりました」

二十世紀を振り返ると、人間とものの関係は切っても切り離せないほど密接なものでした。そして、これからももっと身近な存在になっていくことでしょう。人や環境にやさしいものづくり。世界に誇る伝統とハイテクの技術。

二十一世紀、みやぎのものづくりはさらなる躍進をつづけていきます。

アンのコメント

このあいだカナダに住んでいる姪の誕生日であることをうっかり忘れていました。前日、母からEメールがあって、それで思い出したんです。以前、バースデーカードを速達で出しても全然間にあわなかったんですが、最近ではコンピューターを使って、Eメールのバースデーカードを送ることができるようになったので、なんとか無事に姪の誕生日に間にあいました。ちなみに姪は四歳になりました。

コンピューターと聞くと冷たいもので人間同志の対話を壊したり、家庭や社会荒廃の種になっていると思われている方は少なくはないと思います。確かにその危険性はあると思いますが、コンピューターは考えてみれば道具に過ぎないのでコンピューターの持つよい面やポテンシャルを利用し、生かせば人間同士の対話はよりはかどるのではないかと思います。

例えば、カナダの姪の話に戻りますが、コンピューターのおかげで彼女とのあいだの距離のギャップをうめることができて、姪の成長を身近に感じることができます。ひと昔まえには考えられなかったことを、コンピューターのおかげでいい意味で実現できるようになったことはすばらしいですね。

十年まえにわたしが日本の伝統工芸を研究したときに、日本の伝統工芸とともに伝統技術が今世紀で終わるのではないかと心配しましたが、「みやぎいいモノ・テクノフェア２０００」を見て、うまく最新の技術と伝統技術をミックスして新たなものづくりのターニングポイントとしているのを感じ、安心しました。国内だけで普及させるのではなくて、海外へもどんどんどんどんその新しいミックスした技術を送っていることも嬉しいことですね。

［二〇〇〇年十一月十一日(土)放送］

白石市　刀匠「宮城昭守《あきもり》」

ここは白石市のとある場所。ただひたすら鉄を打ちつづける人物こそ、全国でも評判の高い刀鍛治、「宮城昭守《あきもり》」さんです。

刀づくりは鉄との勝負。幾度となく繰り返される作業が純度の高い鉄を生み出します。真っ赤に燃える炎のなかで鉄は静かに語りかけます。その微かな声を宮城さんは聞き逃しません。

刀づくりに適した純度の高い鉄は「玉鋼《たまはがね》」といわれ、材料の鉄から三割ほどしか取れません。そして、その鋼にもそれぞれ性質があり　刀のいくつもの部分にその特性が生かされているのです。

激しく燃える炉のなかはたいへんな高温です。そのため鋼の表面が先に溶けてしまわないよう、ワラの灰をまぶしながら、さらに鋼を鍛練し不純物を取り除いていきます。そして、折り返しては伸ばす作業が延々とくり返されることおよそ二十回。宮城さんの長年の勘と巧みな技によって、強く粘りのある鋼に鍛えあげられていきます。

幼いころから祖父の刀づくりを見てきた宮城さん。十五歳のときに決心を固め、日本の刀剣界の巨匠、**栗原昭秀**《あきひで》に弟子入りしました。

そして、その才能を開花させこれまで数々の展覧会で入賞し、市の無形文化財にも指定されました。

現在は息子の**正年**さんと一緒に、年間三十本の刀をつくっています。刀銘は「典真《のりざね》」。師匠である**真一**さんの一字を取ってつけられました。

正年さんが刀の表面に波紋をつける「土取り」という作業に取りかかっています。表面に泥を塗り、ふたたび炉で焼かれることで、「刀」は美しく神秘的なものへと変化していきます。

真一さん（刀銘・宮城昭守《あきもり》）独白。

「刀には変化があるんですね。毎日毎日が変化があって見えるもんで、そこに刀の魅力があると思うんですね。絵や彫刻やなんかは何回も見て、わるければ作者が直せるんですね。刀だけは一回勝負だから。例えば、叩く、焼く、なにかしなければ刀はダメになる。その一瞬の判断でバンバンバンバンとやるんですね。手入れをよくすれば、千年ぐらいもつと思うのね。そのとき、これはいい鍛冶屋だったんだなって言われるような刀をつくりたいと思うのね」

正年さん（刀銘・宮城典真《のりざね》）独白。
「まだまだ（親父の）足下にも及ばないんです。まだまだ時間が欲しいなと思いますね。二十年やってても、もっともっとまだ進歩したいと思いますね。普段の親父とはまた違って、刀になると真剣で知ってることは、全部教えてもらえますからね。そういう面では親父が師匠だっていうのは恵まれた環境にあったなと思いますね」

刀匠「宮城昭守《あきもり》」。伝統の技を継承し、日々、刀づくりに真剣勝負で挑む男。刀とともに技の極みへ鍛錬をつづけていきます。

アンのコメント

西洋人からから見ると日本の戦後の発展は不思議に思われます。しかし、よく見るとその成長を支えたベースは日本の教育と文化と職人だと思います。
千年先までもつという宮城さんのセリフは心に響くものがありました。使い捨て社会に住んでいるわたしは長期間という気持ちを持って、ものをつくるという姿に感銘を受けました。

［二〇〇〇年十一月二十五日（土）放送］

七ヶ宿町「白炭職人」

自然とともに生きてきた、ある炭焼き職人をご紹介します。

白石市にある小高い山の上に職人の炭焼き小屋があります。白炭職人、**佐藤石太郎**さん。六十年以上も白炭を焼いてきました。白炭は黒い炭――黒炭と比べてつくり方が違います。まず、窯《かま》が、土の窯《かま》ではなく石窯《いしがま》です。そして窯《かま》の温度も黒炭よりも高温で、焼き時間は短く二日ほどで焼きあがるのです。

ひと冬で焼きあげる白炭はおよそ二百俵。石太郎さんは、ほぼ毎日のように石窯《いしがま》に向います。

石太郎さんが白炭にこだわるのは理由《わけ》があるんです。ずばり、堅くて、火のもちがよく煙が出ないこと。おまけに脱臭効果もあるからなんです。そんな、優れた特徴を持つ白炭は、職人の知恵と技によってつくられます。

石太郎さんが、ぼつりと言います。

「(炭焼きの楽しみは) 今度はどういう炭が出るか、同じ原木を入れてどのくらいの量を取れるか、その楽しみだね」

白炭というとウバメガシを使った備長炭が有名ですが、石太郎さんの白炭は同じく上質なナラの原木を使います。また、白炭をつくるときに出る煙が水蒸気に溶けこんで、そのまま煙突をつたわり液体となって取り出される木酢液《もくさくえき》も、殺菌、消臭作用を持ち、さまざまな用途に使用されます。

焼きあがった白炭の量はもとの原木のおよそ五分の一。毎回、違った表情の白炭が、石太郎さんにその姿を見せます。

「ひとりで喜んだり、がっかりしたり『あれー、今日はうまぐながった』とかね、こういう方法のほうがいいとかね。(炭焼きは)その繰り替えしなんだけどね。まあ、四十年も五十年も炭焼きしてて、これぞ本当に気に入った炭っていうのはね、一年に二〜三回しかないんです」

実は石太郎さん、二十年まえまで七ヶ宿で炭焼きをしていました。しかし、ダムの完成とともに炭焼きも衰退し、石太郎さんの家もダムの底に沈みました。

時代《とき》は流れて、現在。石太郎さんのまえにひとりの青年が現れました。**佐藤光夫**さん。六年まえに京都の出版社を辞め、山に生きる炭焼き職人に憧れて七ヶ宿に移住してきました。

師匠、石太郎さんに炭焼きや山での暮らしを教わりながら自分で窯《かま》をつくり、三年目の炭焼きに精を出しています。

佐藤さんは、しみじみと語ります。

「はじめ石太郎さんに会ったときは、うちのかみさんも一緒に会ったんですけど、『いい人に出会えたね』って最初から言ってくれましたし、彼女もここでの暮らしを、まあ、いろいろありますけども楽しんでますし、娘も楽しいようですし。とても恵まれているなあ、幸せだなって思います。(師匠石太郎さんは)静かな力強さを持った人だなって思ってます。やっぱりダムで移転させられて、白石に(家が)あっても、なおかつ七ヶ宿に来て、炭焼いたりだとかいろいろしているわけですし、そういうこと、いろいろ考えますと山に対する思いってというのか、ふるさとに対する思いっていうのがすごく、ぼくらにはとてもわかりえないだろうっていうものを感じます」

石太郎さんも、七ヶ宿で生きてきた長年の知恵をすべて託そうと光夫さんの炭焼きをいつまでも見守りつづけます。

「(炭を焼いていると)まあ、見ず知らずの人と交流できること……早い話が光夫さんのような後継者ができた。そういう点では、ほんとにね、おれは恵まれてるなーと思って。なんていうか神様はいるかいないかわからないけどね、感謝しています。世のなかにね」

地球上に植物のある限り無限に生産できる炭。白炭の魅力に取りつかれて六十年。山と炭を相手に生きてきたひとりの職人とその弟子は今日も炭焼きに精を出します。

アンのコメント

炭は昔から日本人の生活に根づいてきた、奥深いものだとあらためて感じました。大学時代、長野県で職人さんたちのインタビューをしました。戦後、高度成長で社会が急激に変わったことによって彼らの仕事は主流ではなくなりました。代々伝わって受け継いだ仕事は自分の代で終わるのは多少寂しいが、無理に息子に継がせることはできないし、時代の波だからしょうがないんじゃないですか、と彼らはよく言っていました。

石太郎さんから光夫さんへ――ある意味で新しい形で炭の文化が受け継がれているのを知って、よくおきた炭のように暖かい気持ちになります。

［二〇〇一年一月二十七日（土）放送］

白石市「真冬の打ちあげ花火」

ドーン！　とあがった花火。何度見てもきれいですねー。夏の風物詩として欠かせない花火には、美しい光と音、そして感動があります。芸術的な輝きはほんの一瞬でも、その美しさは人々の心にいつまでも残ります。しかし、この一瞬のステージの影には最高の演出家、花火師がいることを忘れてはいけません。

宮城県には大小四つの花火工場があります。そのなかのひとつ「**小関煙火**」は、白石市の郊外にある小さな花火工場です。

ものものしい雰囲気のなか、作業をしているのは**小関尚人**さん。「小関煙火」の四代目花火師です。

小関さんが今、おこなっているのは花火のひとつひとつの光を出す「星」づくりです。いわば花火づくりの基本となる作業です。

小さな「星」は満遍なく火薬をまぶされながら、少しずつ大きくなっていきます。何度も「星」を乾かしながらおこなう「星がけ」は、正確な「星」の大きさと形が要求されます。

「今は中間色、モン色とか水色とかが流行なもんですから、それに追いつくのに苦労しますね」

と小関さん。

火薬を扱う花火工場は万一のときに備えて、分厚いコンクリート壁で仕切られています。できあがった「星」を「玉皮」という容器に並べて、なかに火薬を詰める作業場——ここでは「星」、ひと粒ひと粒を隙間なく整然と並べていきます。きちんと並べないと花火が開いたときにきれいな円を描きません。ほんと、細かい作業ですよね。

そして最後に、花火を爆発させるための火薬を詰めて、やっと一個、形になります。

隣では、できあがった「玉」の表面に丈夫な紙を何枚も張って、「玉」の強度を高める「玉貼り」の作業をおこなっています。

こうしていくつもの行程を経てつくられる花火は、すべて手作業で、手間ひまかけてつくられるのです。小関さんの工場では年間およそ二万発の花火を製造しています。

小関さんは、遠くを見る目つきで思い出を語ります。

「親父と見にいった花火が印象的でしたね。つくって打ちあげて、みなさんに感動を与えて、拍手をもらったときが一番嬉しいですね。やっぱりいつかは親父を越していい花火をつくってみたいですね。いろんな意味で……」

蔵王町にある「**えぼしスキー場**」では毎年一月雪上花火大会が開かれます。小関煙火では十五年ほどまえから、その打ちあげを請け負ってきました。

「えぼしスキー場」は蔵王の雄大な自然に囲まれたスキー場で、ウインタースポーツのメッカでもあります。そんな大自然に囲まれた山の上で花火大会がおこなわれます。

スキー場の裏では、男たちが手際よく積みこみをおこなっています。この日打ちあげに使われる「玉」は全部で五百発。大量の火薬を扱うため、消防士さんも立ち会いながら、厳重な管理のもとに積みこみがおこなわれていきます。

雪上車でゲレンデを登ること、およそ二十分。ようやく到着したと思いきや、即、みなさん穴を掘り始め、テキパキと準備を始めました。

そう、冬の日没は早いのです。うかうかしていると日が沈んでしまいます。小関さんも火薬を入れながら、天気のことを心配しているのでしょうか。

だいぶ準備が整ったようです。天気のほうもなんとかもっているようですね。でも、なんだか雲が大きくなってきましたよ。山の天気はわかりませんね。暗くなるにつれてなんだか怪しくなってきました。

天気の心配を引きずりながら、「えぼしスキー場」の雪上花火大会が始まりました。ゲレンデは六百本のキャンドルで飾られ、真っ白な雪をやさしい光が照らします。

そして、みやぎ蔵王スキースクールのみなさんによる松明滑走がおこなわれ、幻想的な夜のスキー場にただただ見とれるばかりです。

一方そのころ、ゲレンデの上の花火師たちは、本格的に降り始めた雪を横目に打ちあげの時を待つだけです。

さあーいよいよ打ちあげです！

あれっ、ドーンと音はしましたが……肝心の花火の光が見えないですねー。どうやら、雪のせいで音しか聞こえないみたいです。お客さんも、きょろきょろと花火を探すばかり。やっぱり山の天気は難しいですね。

それを知ってか知らずか花火師は、手慣れた手つきで、どんどん花火をあげていきます。静まりかえったゲレンデに花火の乾いた音が響きわたります。

真下で見る花火はこんなにきれいなんですけどね。ゲレンデの下にいるお客さんにも見せてあげたいです。

でも、待ってください。これからとっておきのスターマインをお見せしますから。よかった。やっと見てもらえました。降りつづく雪で花火の光は柔らかく、幻想的な光となって夜空に咲いていました。

お客さんの感想。

「音が心に響きました」（二十代男性）「カンゲキしたねえ!!」（女の子ふたり組）「ちょっと雪で見えなかったんですけども、すごいきれいでした」（二十代女性）「花火っていうと夏のイメージですけど、冬に雪のなかで見るっていうのは、これもまたいいんじゃないですか。すごくよかったと思います」（四十代男性）

——訪れた人は降りつづく雪のなか、光と音がおりなす真冬のステージに心を奪われていました。

「えぼしスキー場」の支配人青沼正喜さんが残念がります。

「ほんとは雪のない空で、カラカラの寒い空で、そこに響きわたる音と光を楽しんで欲しかったんですけどね。まあ、われわれにしてみれば雪降るのも嬉しいもんですから。それはそれで許してもらいたいなと思いますけど。そうあることじゃありませんので、比較的今年は運がわるかったな、ということですので、来年は期待していただきたいなと思います」

たくさんの光に包まれながら、真冬の夜を楽しむ打ちあげ花火。今年は残念ながらよく見えませんでしたが、来年こそは、きっと、大きな花火がえぼしの空に輝くことでしょう。

アンのコメント

花火づくりにこんなに細かい作業が必要とは知りませんでした。

わたしの子どものころの思い出のなかに花火はありません。花火はテレビや映画の世界だけだと思っていました。ところが高校時代、日本に来て、お盆のときに浜で花火をあげる風景を生で見たり、実際に自分で遊んだりしたときに、ある種のカルチャーショック、異文化ショックを受けました。Wow！ FANTASTIC！ という世界でした。

カナダでは花火は危険なものでタブーとされていて、一般市民は購入できません。それに対して日本では花火文化の根が深くて、日本人の生活のなかに自然に入っているような気がします。

花火づくりにも感心しました。例えば、かわいい線香花火からドーンと鳴る打ちあげ花火まで、目が飛び出しそうになるくらいたくさんたくさんの種類があります。それに色使い。淡いレモンから強烈な赤、真紅まで色だけでも、ジャポネスク、日本らしさを感じます。

花火イーコル、サマータイムのものだと思っていましたが、冬にあげるのはさすが雪国の宮城だと思いました。吹雪のなかで多少見ずらくて残念だったんですが、でも雪がぱらぱらと降るなかで花火をあげるのを見ると、陸ではなく宇宙からあげているように見えて、とても幻想的な風景だと思いました。でも、なにより花火のマジックは、それを見る人々の目が子どものように輝くことだと思います。

［二〇〇一年二月三日（土）放送］

小野田町　伝承の技「小野田紬《つむぎ》」

小野田町にある薬莱山《やくらいさん》のすぐそばに滝庭の関・駒庄「機織伝習館」があります。かつて養蚕が盛んであった小野田町では、どの家でも繭《まゆ》から糸を紡ぎ、機織りをしながら自給自足の生活を支えてきました。

現在では染め織りをする人が少なくなり、生糸から染めあげる技術も貴重なものとなりました。「**小野田町はたおり保存会**」の**笠原博司**さんは、そんな昔ながらの機織りのよさを伝え、守りつづける数少ない人のひとりです。

「**機織伝習館**」は小野田町に伝わる機織りや染色の技術を後世に伝え残していく目的で建てられました。伝統的な技術を学ぼうと、毎年、県内外から研修生として勉強に来る人も増えています。

小野田町出身の笠原さんは、大学を出てから松本や米沢で染め織りの勉強をしたのち、十一年まえに、ここ小野田の地に戻ってきました。

今、笠原さんが染めているのは天然の藍《あい》を使った藍《あい》染めです。繊維に色がしみやすいように、糸をお湯で温めたあと、藍《あい》瓶につけます。瓶のなかで染色しているときは、深く濃い色あいをしていますが、空気に触れた瞬間、糸は鮮やかな藍《あい》色となって見事に染まります。思いどおりの色を出すのには長年の経験と勘が必要です。笠原さんも「自分の色」を出すまでに、厳しい修行の積み重ねをしました。

自然に囲まれた環境で、天然の素材を使いながら、ひとつひとつ丁寧に、手仕事によって絹糸は染められます。絹独特の美しい光沢と鮮やかな色あいは日本人の心をつかんで離しません。

笠原さんが問わず語りに語ります。

「自然と切っても切り離せないという環境のなかで、当然やっていく仕事だと思っていたんですね。使っている染料とか、そういう素材が九割方、植物染料なので、そういう素材が身近に（手に）入るということもあって、つくっているものの幅は広がっていきましたね」

笠原さんが機織りに興味を持ち始めるまで、そう時間はかかりませんでした。小さいころからものづくりが好きだった笠原さんは、機織りというよりも織り機のほうに興味を持ったのです。「ガタンガタン」と音を立てながら、リズムよく操られる織り機。使ってこそ、その魅力が一番引き立てられると感じた笠原さんは、大学を出てすぐに、小野田で一番経験豊かな機織り名人に弟子入りしました。

笠原さんの述懐です。

「別に山深いところに住んでいるからというイメージはないんですけども、逆にこの仕事場の周囲の自然もそうなんですけども、人を抱える抱擁力っていうのはね、持ってますよね。そういう意味では（機織りの師匠の**高嶋なつえ**さんには）『山』のイメージがありますよね。いろんな人を、ぐっと包みこむような『山』というイメージの人ですよね。そういうところで、ぼくはその懐に飛びこませていただいて織物を教わったなって気はしますよね」

笠原さん、こうも言います。

「数少なくなりましたけど、年輩の女性の方たちが昔ながらの方法で引いてつくった糸なんですね。そういうものを、これからも絶えさせないようにしていかないと、糸から先の仕事っていうのを、今ぼくがやっているわけなんですけども、そのへんも含めてやっていかないと、総合的にいいものをつくっていくっていうのが、難しくなっていくんじゃないかなって気はするんですけどね」

昔ながらの手法で作られる小野田紬《つむぎ》。その織り機には、農村に生きてきた女性たちの歴史が刻まれています。時代は変わっても、手仕事のもつ魅力はいつまでも、鮮やかです。

アンのコメント

機織り機の「ガタンガタン」という音にはリズムがあって、心地よく感じますね。あの音を聞くと、スウェーデンに住んでいた小学校のころを思い出します。スウェーデンでは機織りの文化は深く浸透していて、それを伝承するために義務教育の一部として機織りを授業に取り入れています。さまざまな作品があって、とても柔軟な環境の中で、伝統技術を伝えています。スウェーデンをはじめヨーロッパを訪ねるたびに感心するのは、新しいものと古いものがうまく共存していることです。

笠原さんの話を聞くと郷土や自然や人に対する愛を感じます。彼のような人が日本の手仕事のよさを伝えていることは心強いですね。

［二〇〇一年二月二十四日（土）］

蔵王町　桃の節句「こけしびな」

開湯四百年を迎えた蔵王町遠刈田温泉は、蔵王の山々に囲まれた歴史ある温泉街です。一年を通じて多くの湯治客で賑《にぎ》わう遠刈田は、温泉だけじゃなく、伝統「こけし」の産地でも有名です。

「みやぎ蔵王こけし館」では、伝統的な木地細工の歴史や、職人の技が光る、数々の作品を見ることができます。

展示場には伝統「こけし」と木地玩具が所狭しと並べられています。なんとその数、およそ五千点！

また、東北各地、全十一系統の「こけし」も展示されており、表情豊かな「こけし」たちにであうことができます。

十一系統の中で一番華麗な模様を持つ遠刈田系、首を回すと音が鳴る鳴子系、独特の着物模様と、首と胴体が一体になっている木地山系――ほんと、さまざまですよねー。

展示場わきの実演コーナーでは、伝統「こけし」の製作の模様を見学することができます。

佐藤守正さんは、「こけし」づくり五十五年の大ベテランです。見事な技にただただ見とれるばかりです。

どうやら頭の部分を作っているようですが、つぎは胴体に乗せるのですね。んっ!?　でもなんだか「こけし」にしては随分と丸い胴体じゃないですか？

実は、佐藤さんがつくっていたのは、「こけし」のお雛《ひな》様「こけしびな」だったんです。

「こけし館」では桃の節句の特別展として、「こけしびなまつり」をおこなっています。形式にとらわれない自由な発想の「こけしびな」が数多く飾られています。なかには四十数年まえにつくられた古いものもあり、「こけし」の里ならではの、ひな祭りを見ることができます。

訪れた人が、こもごも感想を述べます。

「深い味わいが、なんとも言えませんね。だいたい毎年ここに来ておりますので、また今年も楽しみにしておりました」

「いやぁー、あの伝統工芸のすごさには、びっくりしました。正直言って驚きました」

「あざやかな腕前っていうか。普通のお雛《ひな》様もいいけど、『こけし』のお雛《ひな》様もいいなぁーと思いました。すごく味がありますね」

現在、遠刈田には三十三人の「こけし」職人がいますが、佐藤さんのように「こけしびな」をつくる職人さんは、四、五人いるかいないか。普通の「こけし」よりも、遥かに手間のかかる「こけしびな」はそうそう大量にはつくれません。それでも、頼まれると佐藤さんは、長年の技とアイディアで独創的な「こけしびな」をつくります。

どうやら、顔ができあがったみたいですね。「伝統こけし」とは、また違った風情で、なかなか凛々《りり》しいですね。

佐藤さんが語ります。

「わたしどもの子どもたちに、雛《ひな》を買って与えるということは、その当時、雛《ひな》がまだ出回っていなかったんで、手づくりでできるっていうんで、子どもたちに三月の雛《ひな》を飾ってあげたというのが、その始めなんですね。木の温もりが雛《ひな》の奥に隠されているっていうところが、やっぱり、お客さんから愛着されるんでないでしょうかね」

「こけし」の里に伝わる伝統の「ひなまつり」――「みやぎ蔵王こけし館」では、二〇〇一年は三月十五日まで「こけしびなまつり」をおこなっていました。

来年は、みなさんもぜひ、足を運んでみてはいかがでしょうか。

＊「みやぎ蔵王こけし館」開館　午前九時～午後五時時（年中無休）
■お問いあわせ　TEL0224－34－2385

アンのコメント

わたしは「こけし」が大好きです。シンプルな形で、一見どれも同じように見えますが、よく見るとそれぞれ違っています。それに、「こけし」を、ながめればながめるほど、そのシンプルな表情のなかから個々の性格が生き生きと伝わってきて、本当に摩訶《まか》不思議な世界を感じます。わたしは「こけし」に魅せられて八年になります。実はカナダにいる姪たちに「こけし」をよくプレゼントしています。こないだ宮城の「こけしびな」をあげました。姪は五人います。それぞれタイプが違っているので、本人にあうような「こけし」を買うのはとても楽しいです。それに、毎年あげていくうちに「こけし」を通して姪たちの成長の足跡が、だんだんとできあがっていきます。

実は、蔵王町の「こけし館」では、「こけしびなまつり」のときに訪れた人たちに甘酒や桃の花のプレゼントなど、さまざまなもてなしがあります。ぜひいってみてはいかがでしょうか。

〔二〇〇一年三月三日(土)〕

ユニークな人たち

八十七歳の青春

宮城県田尻町北小松に住む、石川吉助さん（八十七歳）は、毎日毎日、砲丸を投げてトレーニングしています。

石川さんが陸上競技に興味を持つようになったのは八十歳になってから。それから独学でトレーニングを始め、いろいろな大会に参加してきました。その結果、どの大会でも上位入賞を果たすようになりました。出場大会は国内にとどまらず、今年の夏はイギリスで開催された「第十三回世界ベテランズ陸上競技選手権大会」に出場、十種競技、走り幅跳び、棒高飛びの三種目でみごとに銀メダルを獲得しました。

石川さんのトレーニングメニューは、ラジオ体操と鉄アレイのあげおろし、庭先での砲丸投げです。それにしても八十七歳とは思えない元気さです。

元気の秘訣を家族はこう話します。

長男のお嫁さん義子さんの証言。

「なんでも物事はよいほうに考え、過ぎたことは忘れて、新しい目標に向かってまえに進むっていう（おじいちゃんの）気持ちの持ち方が一番だと思います」

なにごともまえ向きに考える石川さんですが、二十年まえに最愛の奥さんを癌《がん》で亡くしたときは、食事も喉を通らず、なにもする気がなくなったそうです。しかし、このまま人生をムダに過ごしたのでは、奥さんに申し訳けないと思い、さまざまなことにチャレンジしてきました。

大学入学検定試験、富士山登頂と、自分で目標を見つけては果敢に挑んできました。今の目標はとりあえず、二年後のオーストラリア大会で、金メダルを獲得することです。

石川さんが得意としている種目は十種競技です。十種競技は、走る、跳ぶ、投げるをすべて網羅した十種目の総合成績を競いあうものですが、石川さんが出場する理由は別のところにあったんです。

「参加料が一〇〇メートルでたとえば二千円とする。十種競技は数が多いのに二千円で同じだもの。これはいいと思って、同じ銭でいっぱい出てみたいからと。勝負は考えてないの」

石川さん、照れ隠しで口ではこう言っていますが、十種競技に参加しているのも、なにごとにもチャレンジする意欲の現われなんです。

石川吉助さんは、はつらつと言います。

「まず健康、そしていつも青春。ずっと青春というのがいいですね」

そう、みなさん、人生ずっと青春、いつも青春ですよ。わたしたちも、石川さんに負けずに、なにごとにもチャレンジしましょうよ！

アンのコメント

英語で一言で言うと、ＷＯＷ！　石川さんは本当にすごい人ですね。みなさんはどう思うかわかりませんが、わたしは石川さんのまえ向きに生きる力を少しでもいいから欲しいですね。本当に彼はすごいですね。八十七歳だとは思えないです。

このあいだ、両親と一緒にオーストラリアに旅行に行きました。四日間、朝から晩まで山歩きをしました。とても楽しかったです。歩きながらいろんな話をしました。人生の悩みとか、これからのおたがいの夢とか、家族のこととか、いろんなことを話しました。両親は、石川さんほどアクティブではありませんが、彼らは毎日、なんらかのスポーツをかならずしています。彼らが言うには、体を動かすことによって青春を保てるということです。

自分が老後をどう過ごすか想像もつきませんが、理想として、石川さんのように青春を大事にしたいと思います。みなさんの老後の理想はどういうものでしょうか。

〔一九九九年十月十六日(土)放送〕

丸森町　民話を集めて歩く先生

みなさんはいくつ昔話をご存知ですか？

だれもが幼いころ、両親、おじいちゃん、おばあちゃんから聞かされたことと思います。

「**丸森小学校**」の教室に元気な子どもたちと女性教師——**島津信子**先生がいます。

島津先生が言います。

「今日は、みんなに丸森の昔話を聞かせてあげようと思います」

島津先生が昔話を語り始めると、子どもたちは真剣に耳を傾けます。島津先生は学生時代に、その土地土地に伝わる民話に興味を持ちました。今でも暇を見つけては、お年寄りのもとを訪ね昔話を聞いて記録に残し、子どもたちに語り聞かせています。

昔話には人としての在り方や教えが盛りこまれており、話を聞くだけで自然と「善悪」が判断できるようになっています。核家族化や生活様式の変化により、昔話を聞く機会が減った子どもたちのために、島津先生は丸森町はもとより宮城県内どこでも時間が取れる限り移動します。


大槻文弥さんのお宅で昔話を島津先生が聞いています。

島津先生は、しみじみと、こんな感想をもらします。

「話を聞いていると、その人の生き方を見せてもらっているような気がするんです」

今度は、**笠間栄子**さんのお宅に昔話をうかがう島津先生の姿があります。

笠間さんは、およそ四十話の昔話を知っています。町内の催物や小学校などに呼ばれては、実際に話して聞かせているので、島津先生は「語り口調」や話し方の「間」なども参考にしています。

笠間さんは島津先生を支援しています。

「島津先生の活動は、わたしも願っていたことです。父親にたくさん教えられた昔話を、そのままなくしたくなかった、みんなに聞いて欲しいと思っていたんです」

職員室でカセットテープを再生する島津先生。

島津先生はお年寄りから昔話を聞いたあと、整理して子どもたちにわかりやすい文章にまとめます。

「できるだけ子どもたちに伝えていきたいと思っています。文章にまとめてみたり、教室とかいろいろなところで昔話を語ることを進んでやっていきたいと思っています」

ふたたび、教室で昔話を語る島津先生の姿。

今日も丸森小学校からは、心温まる昔話が聞こえてきます。どうです、わたしたちも記憶をたどって昔話を思い出してみませんか？

アンのコメント

島津先生の生徒になりたいですね。

昔話というと、おじいちゃんを思い出します。わたしの母方のおじいちゃんはアイルランド系アメリカ人社会の語り部の名人でした。一九一〇年代のアメリカの鉄道の発達の歴史とともに歩んだ、おじいちゃんの話は本当に面白かったです。第一次世界大戦、世界大恐慌、白人主義のアメリカ南部の話などいろいろと生き生きと語ってくれました。ときには語りながらバイオリンも弾いてくれました。おじいちゃんのアメリカの歴史の話は、今でも不思議なくらい記憶に残っています。
丸森小学校の島津先生が、昔話を教室に積極的に運んでいる姿や熱心さには感銘を受けました。島津先生の昔話を通して、本では味わえない、昔の人々の生き様を覗くことができるのは本当にワンダフル！　すばらしいことですね。

［一九九九年三月十八日（土）放送］

岩出山町　アンの「なぎなた体験」

唐突で申し訳ありませんが、みなさんはなにか運動をなさっていますか！　エッ！　なにもしていない！　それはいけませんねー。

「岩出山中学校」三年生の**松田優子**さんは、毎日、「防具」を身につけて練習に励んでいます。剣道をしているのかって？　いえいえ、「なぎなた」です！　そう、「なぎなた」。
岩出山町は、二〇〇一年に開催される「みやぎ国体」のなぎなた競技の会場となっています。宮城県内の中学校で「**なぎなた部**」があるのは、ここ「**岩出山中学校**」だけです。現在、部員は十八人。松田さんはキャプテンを務め、去年の全国中学生大会で三位に入っている実力者です。

しかし、松田キャプテン、なんか緊張気味の様子。そうなんです！　アンが道場破り、いえいえ「**なぎなた体験**」をしに来るからなんです。さて、アンはどんな活躍を見せてくれるんでしょうか!。

アン、喜びながら緊張しています。

「なんか時代劇の役者になった気分ですね。楽しみ。でも、どきどきしています。どうなるんでしょうか？」

——最初は基本の構えと打ち方の練習なんですが、アン、はじめから、構え方が思いっきりほかの人とずれています。なんか！　先行き不安ですね！

でも、宮城県なぎなた連盟強化委員長の千葉さんから個人レッスンを受け自信を持ったアン、松田キャプテンに勝負を挑みましたが……本人はなにやら弱気な様子。

さあ、松田さんとの二本勝負!!

「なぎなた」の刃の部分は竹で、柄の部分は樫の木でつくられ、長さは二一〇～二二五センチメートルと定められています。この「なぎなた」を構えて……アッという間に一本を取られたアン。二本目は粘ったんですが、結局は一本負けでした。

「岩出山中学」の「なぎなた部」のみなさん、七月の全国大会の活躍を期待しています。

ところでアン！「なぎなた体験」、いかがでしたか！

アンのコメント

日本でいろいろな体験をしてきましたが、今回の「なぎなた体験」は印象深いものでした。人形のようなかわいらしさを持つ松田さんに見事に負けました。そして、松田さんのファイティング・スピリット——戦う精神に感心しました。松田さんをはじめほかの部員の女の子たちも、みんな芯《しん》のしっかりしたティーンエージャーたちです。

「なぎなた」のきつい「けいこ」、そして家庭、学校、岩出山町のコミュニティー、すべてが影響して彼女たちの芯《しん》ができたのではないでしょうか。つまり、悩みの多い青春のころに家族や部活の仲間、先生、たくさんの心の支えがあることはとっても大切だと思います。わたしも青春時代はいろいろ悩みました。悩みのない青春はないと思います。だから、まわりの人は、ティーンエージャーの悩みに気づき、どうやって心の支えになってやれるか、心をくばることが、とっても大切だと思います。

「なぎなた」の話に戻りますが、「なぎなた」はとても頭を使います。知的で健全なスポーツという印象を受けました。二〇〇一年の国体で成功できるように応援しましょう。

〔二〇〇〇年六月一七日(土)〕

仙台市　「心の修行――アン座禅体験」

アン登場。

「とっても寒いんですけど、がんばります!!」

そうです！　座禅を体験して無心になってみようということだったんです。

アンがやって来たのは仙台市の「**資福禅寺**」です。

こちらのお寺では毎月一日、座禅修行を体験することができます。

早朝六時。参加者と一緒にアンもお経を聞いていますが……でも、なんだかぼーっとしてますね。起きてますか！　アンさん。

ようやくお経が終わり、今度は裸足になって、いざ！　座禅に挑戦です。

とりあえずアン、見よう見まねで……でも、なかなか様になってるんじゃないですか。

雑念が現われるとお坊さんから喝を入れられます。

――なんか、アンさん、まわりが気になってしょうがないみたいですね。あーあ、やっぱり雑念が出ましたね、アンさん。

ここで住職**渋谷芳崖**さんの話。

「座禅で自分を見つめ他人への思いやりなど持つよう、しっかりと見極めていただければ非常に幸いかと存じます」

最後に身にしみる住職のお話を聞いて三十分間の座禅は終わります。座禅が終わると今度はみなさん、奥の座敷に集まりました。

んーおいしそーなお粥《かゆ》。

実はこのお寺では座禅のあとに参加者全員にお粥《かゆ》をふるまってくれるんです。あったかーい部屋で住職と一緒に世間話をしながら、あったかーいお粥《かゆ》を食べて身も心もホカホカになります。漬物も全部お寺で漬けたものです。

古参の参加者のひとりが、体験を語ります。

「いろいろ考えながら、いつの間にか無心になるようになってきましたね。座るのが苦になるんじゃなくて。やっぱり半年くらいは座るのが苦しかったですね」

参加する人はさまざまです。いろんな話に華が咲きます。

渋谷住職も話に加わります。

「終わったときの顔というものが違うんですね。いらしたときはどうしてもまだ、ゆとりというか潤《うるお》いというか、そういうものがお顔には、まだうかがうことができないんですが、終わった日には、なにかやり遂げたというか、ああ、自分にもやれたんだなという、そんなふうな表情がうかがえられるんでね、よかったんだなと思っています」

日ごろから自分を見つめることは、なかなか難しいですけど、ちょっとした時間に心を落ち着け、ゆとりを持つこともいいかもしれませんね。

アンのコメント

みなさんはどうかわかりませんが、ここ何年間の自分の生活をふりかえってみると、つねになにかに追われています。これは非常に贅沢な悩みだと思いますが、自分を失わないように年に一回は、どっかで「一服」を取るんです。わたしの「一服」は、一週間ぐらいどこかへ行って、自分をニュートラルにしていろいろ考えたりします。実はこれは母から学んだんです。彼女はかならず毎年ひとりで自分の「一服週末」を取ります。

このあいだの「座禅体験」でゆとりを持つ大切さをあらためて感じました。最初、わたしは、そわそわしていてなかなか落ち着かなかったんですけど、最後の五分ぐらいは静かに自分の世界に入ったのです。忙しい師走、みなさんも「一服」してみたらいかがでしょうか。

［二〇〇〇年十二月十六日（土）放送］

松山町「まつやま町語りの会」

楽しそうに話をしながらやって来たのは、松山町にある幼稚園でサークルの活動をしている市民サークルのみなさんです。

そう、「活動」というのはお話を聞かせることなんです。「**まつやま町語りの会**」のみなさんは、こうやって毎回、手づくりの紙芝居や紙細工を使って、地域に伝わる民話や童話などを、わかりやすく、自分たちの言葉でお話ししているんです。

でも、この仲間は、紙芝居というよりも、お話をわかってもらうための「絵ばなし」というふうにとらえているんです。あくまでも、主役は「話し手の言葉」ですからね。

「直に自分の目で見て、耳で聞くっていうことは、子どもたちの心に残ると思いますね。だから、そういう（語りを聞くという）ことはほんとにいいことだと思います」

と言うのは「**松山幼稚園**」の**高橋園長**先生。

語りの会のみなさんは、毎月二回、地元の集会所に集まっては、おたがいの「語り」に磨きをかけています。

「語り」の補助役の「絵」は、大きいだけでなく、よく見ると細かな部分まで切り絵で丁寧につくられているんです。会のみなさんのこだわりが伝わってきますね。

お話の内容は、メンバーそれぞれが昔聞いた話や、地域に伝わる話をまとめた風土記などをもとに、わかりやすい形で語られます。とくに、小さな子どもに話すときは、親しみやすい地元の方言を交えてお話をするんです。聞いていてどこか懐かしく、そして楽しくなってきますね。

語りの会のみなさんは、それぞれ自分が昔聞いたことのあるお話を語りあって、だれにでもわかるように、言葉や表現に工夫を凝らしていきます。

「まつやま町語りの会」代表**高島光子**さんは、こう思っています。

「仲間がいるっていうことと、子どもに触れることでエネルギーもいただいているし、そういうところがいいですね。子どもにいいものを聞かせることが役に立っているのかなというちょっとした喜びを得ております」

お仲間の**北沢康子**さんが、その言葉を受けます。

「小さいときからわたしの祖母に聞いた話なんですね。自分もおばあちゃんになっても忘れないで、鮮明に覚えているんです。昔話教えてって孫に言われると、いの一番でその話がすぐに出るんです。やっぱり昔語りするときは、聞く人を見てしゃべる人が多いでしょ。それに身ぶり手ぶりを加えてると情感も伝わりやすいかなって」

言葉で伝え、耳で聞かせることで、子どもたちに心豊かに育ってもらいたい。そんな思いで、今日も語りに磨きをかける「まつやま町語りの会」のみなさんでした。

アンのコメント

みなさんの生き生きしていらっしゃる雰囲気がこちらに伝わってきますね。

このあいだ、カナダに帰って英語に訳されている日本の昔話を四歳の姪にプレゼントしました。彼女はカッパの話がとくに好きでした。そこで、彼女は日本の話と西洋の話をあわせて自分流に新しいものにつくりあげたんです。先入観に縛られないで、純粋な心でフリーに想像している姪に感心しました。宮城県で会った子どもたちも、そういった才能を持っていました。これからの時代は、その純粋な想像力を教育現場でより生かせたらいいんじゃないかと思います。

子どものころに聞いた話を、自分が大人になって自分の子どもや孫に語り聞かせることは世代の縦の絆を強めることになると思います。語りの会のみなさんの活動は、そういった意味でもすばらしいと思います。

［二〇〇一年一月十三日（土）放送］

海と畑と田と山の人たち

菖蒲田浜のり養殖

宮城県七ヶ浜町の菖蒲田浜漁港。夜明けまえに小さな漁船が出ます。三月で今期の作業を終える「のり」の摘み取り作業に向かう船です。

春先とはいえ、沖あいに向かう船が受ける風はまだまだ冷たいのです。

約十分で「のり養殖」のいかだに到着。ロープでつくられた網を右舷から左舷にわたし、網で生育した「のり」を船上の回転する刃物がついた機械で切り落としていきます。網は十間（約一八メートル）のものが三つ繋がっています。その作業を何回か繰り返します。見る見る船上には切り落とされた「のり」がたまっていきます。「のり」は一度摘み取ってからまた生育して、つぎに摘み取るまでの周期が約二十日間。豊かな海は自然に「のり」を育みます。港に戻ると、あの四角い「のり」をつくる作業が待っています。とは言っても、すべて機械化されていて、温度・湿度・濃度などの環境管理をするだけです。訪れたのは「**菖蒲田浜のり生産組合**」。五年まえにできた組合で、養殖から加工までを一環して十人の組合員が共同でおこなっています。従来は、一家庭ですべての作業をおこなっていました。しかし、この方式だと分業が進んで効率があがるうえ、機械購入のコストもさがります。また、交代で休みを取ることができるのです。

組合長の**星光次**さんは語ります。

「全国から注目され、視察も多く訪れる。今のところ成功している。今後は、漁業権を持たない一般の人も参入できるようになればと思う」

アンのコメント

このところ五、六年、農業以外に漁業を研究対象にしていますので、日本全国各地の「のり養殖」の現場におじゃまするこことが多いのですが、しみじみ思うのは、沿岸のすぐそばで営まれている「漁業」の「のり養殖」ほど、直接、環境に影響を受ける第一次産業は、そんなにはないということです。海が汚染されると、即、のりは採れなくなってしまいます。菖蒲田浜の海が、汚染されていないことが、とっても嬉しかったですね。

［一九九九年四月三日（土）放送］

大郷町の自然卵

宮城県大郷町の「ファームたぬきざわ」は、広大な自然のなかで放し飼いをしている養鶏場です。

飼われているニワトリは八千羽。エサは大郷町名産のビタミンCがたっぷりのモロヘイヤにヨードたっぷりの乾燥海草をはじめ、かき殻《がら》などの自然食。そして、飲み水は新鮮な地下水を与えています。食事のあとは、ニワトリは、広い自然のなかを自由に歩き回り、土や草木の根をついばみながら、のびのびと暮らしています。このニワトリが産む卵、なんと一個五十円で販売されているのです。

ここのファームマネージャーの荒磯淳也さんは言います。

「いい商品は高くなる。安全性が大事。鳥にとって一番大事なことは、健康であること。健康であればいい卵が産まれる」

ここのニワトリは、一日置きにしか卵を産みません。もっとニワトリを増やせばもっと多くの卵を生産できるのですが、人の手で世話をするには、これが限界だそうです。ここで産まれた卵は、普段スーパーなどで買う卵とは随分違います。殻《から》を割って皿に載せると黄身も白身も盛りあがったままです。その黄身を指でつまみあげると、なんと壊れもしないで持ちあがります。言うまでもなく、味も濃いのです。ここの卵は、産ませたのではなく、産んでもらった健康な卵。

「ファームたぬきざわ」では地方発送もおこなっています。　＊TEL022－359－4933

アンのコメント

一個五十円の卵を高いと見るかどうかは人それぞれの問題。わたしは長野の農村塾で三年間このようにして卵をつくっていました。やはり自然の卵は栄養いっぱいでおいしい。わたしはこの五十円の卵を高いとは思いません。

［一九九九年四月十日（土）放送］

新しくなった古川農業試験場

宮城県古川農業試験場は、高生産性水田農業技術の開発や低コスト生産技術の確立など宮城県の稲作のさらなる発展を目指して、一九九九年三月二十四日、新築移転しました。

これまでに育成された品種は合計三十四種を数え、「農林十七号」「ささしぐれ」「ササニシキ」最近では「ひとめぼれ」などの全国的に普及した大品種も誕生しています。

一九九九年三月まで場長だった**伏見敬四郎**さんは、「ここの試験研究の評価は日本一と考える」と自信のほどを語っています。

移転の基本理念は、

■土地利用型農業試験研究分野において、時代の変化に即応した先進的で高度な試験研究の拠点となること。

■農業者のニーズに応じた研究課題に取り組むことはもとより、研究成果の公開や農業者などへの支援を積極的に展開すること。
■国内外の試験研究機関などとの協力関係を強化するとともに、海外への技術協力や普及など国際協力をすること。
■農業に対する宮城県民の理解を深めるため、学習の場、憩いの場として自由に利用できる試験場とすること。

副主任研究員の**永野邦明**さんは、

「まだまだやることはたくさんある。たとえば、『ひとめぼれ』には、病気に弱く倒れやすいという弱点がある。これをひとつひとつ改良していく。また、お酒や冷凍ごはんにあうお米をつくるということも必要だ。品種改良には、時間がかかるが、ここではハウスのなかで一年に四回お米をつくったり、沖縄の石垣島に頼んで、年に二、三回お米をつくったりして改良のスピードをあげている。ここは県の試験場であるが、国の指定試験地にもなっていて、ここで生まれた品種は全国に普及する。全国的に貢献している」

伏見さんは語ります。

「新しい試験場は、県内はもとより、全国から注目されている。消費者ニーズ、生産者ニーズを踏まえて品種改良、栽培法の研究に取り組んでいく。開かれた試験場として、開放実験室も整備されているので、農家の方をはじめ試験研究で施設を利用していただきたい」

アンのコメント

国内、国外の農業現場をいろいろ見てきましたが、日本の農業技術は、世界のトップレベルです。もっとPRすべきです。二十一世紀は食料不足の時代になると言われています。古川農業試験場の研究は、国内ばかりでなく、地球のための重要な研究になっています。本当にすばらしいことだと思います。

［一九九九年四月十日（土）放送］

涌谷町　東北ばん馬競技大会

ばん馬競技とは、馬が重い荷を積んだソリを引いて起伏のあるコースを走り、勝敗を競うものです。

宮城県涌谷町で一九九九年四月二十五日（日）に、「**東北ばん馬競技大会**」が開かれました。地元涌谷町から出場したのは、一頭のみ。四歳の部に出場した「**箟《のの》岳号**」です。「箟《のの》岳号」はとても由緒ある名前で、二十代目を数えます。

大会一週間まえ、馬主の**門脇俊治**さんが「箟《のの》岳号」を引いて練習していました。とはいえ大会間近とあって、この日は筋肉をほぐす程度の練習です。

門脇さんは言います。

「この馬は二歳、三歳と優勝しているんです。今年も（優勝を）狙っています」

大会当日は、あいにくの大雨。コースはぬかるんでたいへんな状況です。しかし、東北各地から集まった馬は興奮ぎみです。

いよいよ予選スタート。四歳馬の部には八頭が出場して上位五頭が決勝に進出できます。六七五キログラムの重しをソリに乗せ、「篦岳号《ののだけごう》」は走ります。距離は一〇〇メートル。もう少し。がんばれ！　そしてゴール！　やりました。結果は二位です。

つぎは決勝。この調子でがんばって欲しい。今度は七五〇キログラムの重しです。「篦岳号」にとっては、未知の重量。そして、スタート……アッ出遅れた！　失敗したと思ったら、レースは終わっていました。残念、結果は五位でした。

門脇さん、あっさりと言います。

「これからまだあるから。東北の各地でレースがあるから」

そうですね、つぎのレースがあります。

みなさん、大会で「篦岳号」を見かけたら応援してください。

アンのコメント

なつかしい風景でした。父はカナダのウクライナ系開拓者の息子で、中学まで毎夏一か月、父の実家で過ごしました。とは言っても農作業の手伝いをさせられていたんですが、終わったら打ちあげで、カナダ型のばん馬大会——ロディオに連れていってもらっていました。とても楽しかった。馬は結構たいへんな動物です。馬と飼い主のあいだに信頼関係がないと（馬にソリを引かせて競争するなどということは）できないことです。馬は頑固なので、動きたくなければ動かない動物ですから。

〔一九九九年五月一日（土）放送〕

古川八百屋市

宮城県古川市の熊野神社境内で、四月から六月の三と七のつく日に「八百屋市」と呼ばれる市が開かれています。この市では地元の人が持ち寄った野菜や漬物、植木などさまざまなものが売られています。

「八百屋市」のなかに、今ではあまり目にしなくなった竹細工製品を売っている**渡邉久雄**

さんがいます。渡邉さんは、祖父の代から三代つづく竹細工師で、一輪差しや、ザル、カゴ類をおもにつくって売っています。

　昔は八人の竹細工師が古川にいたそうですが、プラスチック製品の登場で売れ行きが鈍り、今では渡邉さんひとりになってしまいました。

　渡邉さんが、ぽつりと言います。

「売れなくてみんながやめてしまったとき、『八百屋市』に行けばなんぼか買ってくれると」

古川「八百屋市」の歴史はとても古く、戦国時代までさかのぼります。慶長年間、古川城主・鈴木和泉元信が、経済の安定のために市を起こさせたと伝えられています。

　渡邉さん、こうも言います。

「長年やっているとね、あのおんちゃんまた来たとか、あのおばちゃんまた来たとか、元気だね、おたがいにね、というのが一番の楽しみだね。売るだけでないのさ」

　そうです古川「八百屋市」のよさは、売り買いだけじゃないんです。一番の売り物は、人情と人情の触れあいなんです。

　こんなことを言っているお客さんがいました。

「農家の人に聞けますよね。今、この木を植えて大丈夫ですかとか。それがいい」

　それに答えて、渡邉さん曰く、

「スーパーにないものがここにあるんでねえべか。ただ買っていけばそんで終わりっていうんでない。おたがいに話しあいながら」

アンのコメント

わたしは日本の農村の竹細工を、大学時代に研究していたんです。一度、指導を受けながら竹細工のカゴづくりに挑戦したんですが、やはり失敗しました。竹細工はプロでなければつくれないですね。プラスチックのほうが安くていいという考え方もあると思うんですが、竹細工は高いですが長持ちするんです。わたしは竹細工の自然の香りが好きで使っていま す。プラスチックの導入によって、先進国の生活習慣がずい分変わったんですが、このプラスチックに代表される使い捨て文化は行き詰まってきたように思います。そこで、先進国の共通の課題のひとつは、環境を配慮する消費者文化を見つけなければならないんじゃないか、という気がしてなりません。

［一九九九年五月八日（土）放送］

アンと学生の「田植え体験」！

宮城県大和町小野の田んぼで、アンと宮城大学の学生たちが「田植え体験」をしました。主催したのは、「ＪＡあさひな青年部」。アンのお願いで、三年まえからつづけられています。

この日参加した学生は九人。田んぼのなかに足を踏み入れるのもはじめてという学生がほとんどです。

田植えは、六アールの水田一枚に「ひとめぼれ」の苗を植えていきますが、大勢なのでみるみる進んでいきます。でも、植えたあとを見ると……あちらこちらと曲がっていますよ。

アン曰く、

「九人の学生のうち、ふたりは経験があるんですが、七人ははじめてなんです」

約二時間で植え終わりました。裸足で学生のみなさん、よくがんばりました。

ちょっと感想を聞いてみましょう。

女子学生のひとりが、

「手植えをしたことがなかったので、いい体験をしました。昔の農家の人が、すごい苦労をしたんだなと思いました。とっても楽しかったです」

と言うと、もうひとりの女子学生が、

「畑と田植えは全然違うのがわかりましたね。今日は、昔の農家の人のたいへんさを実感するほどたいへんな作業ではなかったけれど、みんなと一緒にとても楽しく作業できたのでよかったと思います」

と感想を述べました。

お昼は、近くの河原でバーベキューです。昔はこうやって、農作業のときは外でご飯を食べていたんですよ。今年もきっと、秋にはおいしい新米が食卓にあがるでしょう。

アンのコメント

この田植えは、宮城大学でわたしが担当している「エコリンクス総合演習」の一環としておこなっているんです。「エコリンクス」はわたしの造語なんですが、環境保全型社会になるのにはどうするかを、学生と一緒に考えているものです。

わたしは教室のなかだけで議論するのは、バランスのない教育のような気がしてならないので、このゼミで思い切って教室から飛び出して、現場でいろいろと体験してもらおうと思っているんです。

頭から理論に入るのではなくて、できたらまず、手・足・体でいろいろ考えて、それから教室のなかで頭を使ってディスカッションすればいいと思うんです。これはわたしの理想に過ぎないんですが、ＪＡあさひな青年部のおかげで、この授業が成り立っていると思います。

今回の田植えは六アールだけでしたが、学生が現場に行って、プロの隣で手植えをしながらいろんな会話を交わすことによって、ひとりひとりの学生が温かいご飯を食べるときに、ふっとこの「田植え体験」を思い出してくれればいいなと思っています。

大きな夢のひとつなんですが、環境保全型社会をつくるうえで、農業を学生が理解するファーストステップになればいいと思います。田植えだけで終わるのではなくて、秋には稲刈りに行きたいと思いますので、そのときもＪＡあさひな青年部のみなさん、よろしくお願いいたします。

［一九九九年五月二十九日（土）放送］

海の釣り堀

宮城県志津川町に海を利用した釣り堀があります。網で囲われた釣り場にはたくさんの魚がいて、泳いでいるのが見えるんですよ。志津川町では銀ザケを始め、カキ、クロソイなどの養殖に取り組んでおり、育てる漁業の技術と経験は日本でトップクラスと言われています。

ここ「志津川フィッシングパーク」の佐々木孝男さんは、三年まえに地元の「漁協」と共同で「海の釣り堀」を始めました。毎朝八時には、養殖をしている銀ザケとマスに餌をやりに出かけます。餌は冷凍のサバに配合飼料を混ぜ、ミンチにしたものを与えます。

佐々木さんが、開業の動機を語ります。

「休みになると、市場とか岸壁に釣りのお客さんがいっぱい来るので、釣り堀をつくって釣らせてみたら面白いんじゃないかということで、漁協とか役場の水産課、商工観光課のご指導を受けましてやったのが始まりですね」

釣り堀に放つ魚には、食いつきをよくするために餌は与えません。銀ザケやマスは週に一回、千二百匹あまりを放ちます。

季節や時期によって釣れる魚の種類や大きさはまちまちです。春はニジマス・銀ザケ・タイ・クロソイなど、夏にはカレイ・ヒラメ・アジ・タナゴなどが釣れます。

入場料は二時間で、中学生以上は三千円、小学生までは千五百円となっています。あとはあなたの腕次第でタイやクロソイなどの高級魚を釣ってください。万が一釣れなかった人には、海産物のプレゼントが用意されています。

釣り人（男性）の感想。

「なかなか海に行っても釣れないものですから。ここができてから二〜三年おつきあいさせてもらっているんですけど、子どもたちにもハズレがないというのが一番ですね」

釣り人（女性）の感想。

「たくさん釣れて子どもたちも喜んで、いいところだと思います」

一度、大物の引きを体験すると、やみつきになること間違いなし。ストレスなんかどこかへ飛んでいってしまいます。

佐々木さんに悩みがないわけではありません。

「ある程度こういうふうにいっぱい魚を入れているんですけど、自然の海ですから、潮の影響とか天候とかに左右されて釣れないときもありますので、その辺が問題のひとつだなあと思ってます」

＊志津川フィッシングパーク　TEL0226－46－4466

アンのコメント

家族連れの釣りは楽しそうですね。

漁業というと魚を獲る、魚を釣るということが、一般的なイメージだと思います。しかし、魚が年々減っているため、魚を獲るだけではなくて魚を育てなければならないということに気づき、漁業者が一生懸命養殖に取り組んでいます。

試行錯誤がつづいているんですが、たとえば餌について言えば、海の環境にやさしい餌が、早く開発されることが望まれます。

海の第一次産業者である漁業者は、本当にまえ向きにベストをつくしています。問題はいろいろあるかも知れませんが。

ここで紹介した「海の釣り堀」は、魚を育てる養殖と家族連れで夏のレジャーができるという一石二鳥のいい話だと思います。

〔一九九九年七月二十四日（土）放送〕

宮城県林業試験場

「宮城県林業試験場」は、宮城の森林・林業に関するあらゆることに取り組んでいます。

いろんな研究をしています。

まず、木材利用に関するさまざまな研究や松食い虫に強い抵抗性苗木の養成や花粉の少ない杉の選抜と検定などの造林育種に関する研究。

そして研修部では、グリーンマイスター育成研修、高性能林業機械オペレーター養成研修による林業後継者、技術者を養成しています。

特用林産に関しては、野生キノコやマツタケなどの人工栽培技術の研究をおこなっています。

遺産樹木保存事業では、天然記念物の有名木などの絶滅の恐れのあるものを収集し、さし木やつぎ木で保存して、不測の事態に備えています。

宮城県では、杉材を主体とする県産材が資源として利用できる時期に達しており、その利用拡大が課題となっています。

「**宮城県林業試験場**」では、県産杉材の高付加価値化と需要拡大をはかるため、東北大学、民間企業との共同研究で「木材の難燃化技術」（燃えにくい木材）の開発に成功し、平成九年に特許を取得しました。

難燃性木材は、戸建住宅の台所などの火を使う場所や、病院やホテルなどの廊下や壁、階段などにも使用できるほど燃えにくい木材として注目を集めています。

現在この木材は、登米町役場新庁舎の玄関ホール、町長室、議場に利用されています。

「宮城県林業試験場」場長**古川弘**さんのコメント。

「公共施設の内装材などにも使われ出していますし、こちらの林業試験場に問いあわせいただければ生産者をご紹介いたします」

地球環境の保全や、安心と潤《うるお》いのある生活が求められています。その大きな要素である森林の整備や、木材の有効利用を進めていくために、宮城県林業試験場には、今後ますます大きな期待が寄せられます。

※宮城県林業試験場　TEL022－345－2816

アンのコメント

ここに紹介したグリーンマイスター育成研修は、本当にすばらしいと思います。林業従事者をはじめ、第一次産業のプロの専業後継者が減っているなかで、宮城県林業試験場のさまざまなプロジェクトは本当に有意義なものだと思います。

友人の作家であり詩人のC・Wニコルのセリフに、「水道をひねれば山が出る」という言葉があります。つまり、森や林は水を貯えているところということです。とっても重要なところです。森や林はわれわれ人間の生活を見えないところで支えています。だから森のケアをできる人たちは、とっても重要です。

〔一九九九年七月二十四日(土)放送〕

北上町の海の魅力

北上町は、南三陸海岸の南端に位置し、山々が海にせまり絶壁をなしています。南三陸の豊かな海と北上川の恵みを受けた漁業や、昆布、わかめ、ホタテ貝などの養殖業がとても盛んで、魚介類の豊富さは他に類をみないほどです。

おりから、ホタテ貝の最盛期。朝早くから漁師のみなさんは水揚げ作業に追われています。北上町のホタテ貝の年間水揚げ高は、およそ六〇〇トン。甘味が多いと、とても評判で全国各地に出荷されていきます。

「川があるから成長もいいし、味がいい。ワカメも味がいいと誉められています。川があるということが、海にとっても、われわれにとっても財産なんですね」

と漁師の**佐々木昭一**さん。

東北随一の大河「北上川」。その河口は、肥沃《ひよく》で豊かな水をたたえ、さまざまな動植物やわたしたち人間に計り知れない自然の恵みを与えてくれます。豊かな海の幸、大自然の恵みの北上川の幸などを安く買うことができる「にっこり夕市」［一九九九年は八月十二日（木）の夕方四時から北上町、中央公民館まえで開催された（**問いあわせ先・北上町産業振興課TEL0225－67－2116**）］は、夏の風物詩。

団体で海に行く計画を立てているグループにお勧めするのは、白浜名物「**地引き網体験**」。漁師さんが海に長い長い網をしかけてくれます、あとは全員で力をあわせて引きます。全部の網を引くまでに、およそ一時間かかります。体力がいる体験ですので十五人以上で申しこんでください。料金は一網、三万五千円（一九九九年度）。参加者が多ければ多いほどお得となります。

おりから中田町の「こども会」の親子八十一人が体験していましたが、子どもも大人もはじめての体験に大喜びでした。

網主の**佐々木静市**さんが言います。

「お客さんに来て欲しいのは台風シーズンになってからで、海がまだまだ濁ったときは、カレイ、ヒラメ、マガレイ、ミズカレイ、カワカレイなどがいっぱい入るし、一番は天然ウナギがいっぱい入るんです」

＊問いあわせ先　「地引き網組合」　TEL0225－67－3047

アンのコメント

楽しそうですね！

海はさまざまな恵みを与えてくれます。

わたしは、内陸の大草原に生まれ育った人間ですから、わたしにとって海はミステリアス――神秘的なのです。

ここ四〜五年、漁村の研究をやり、海にすっかりのめりこんでいます。海のない生活は本当に考えられないんです。不思議なくらい。

日本人は地理的に恵まれていると思います。生まれたときから意識しなくても、海がすぐそばにあって、深い潜在的なつながりをおたがいが持っているような気がします。日本は「島国」だと言われていますが、古代から海と共生してきた日本は、「海の国」とも言えるのではないかと思います。

みなさんは、海の魅力はどんなところにあると思いますか？　わたしはさまざまなところで感じるのですが、ひとつは広さです。水平線が永遠にどこまでも、どこまでもつづく、あの感じが大好きです。また、波の音。音楽のように耳に流れてくる音のすばらしさがいいです。

海と言うと魚ですね。大陸の平原育ちのわたしは日本に来るまでは、新鮮な魚はあまり食べなかったのですが、今は大好物です。一番好きな料理で贅沢な食事は、浜で取った貝や魚をその場で食べることですね。北上川の魚はきっとおいしいと思います。［一九九九年八月七日（土）放送］

田尻町の「手づくり体験」

宮城県田尻町の加護坊山のすそ野、農村運動公園内に「研修センターロマン館」があります。

こちらの研修センターは利用料金が安く、素泊まりで一部屋を三人以上で使用の場合、中学生までは一泊千円、高校生以上は二千円です。

そして、もうひとつの目玉として子どもから大人まで大人気なのが「グリーン・ツーリズム「**手づくり体験**」です。ソーセージ・豆腐・手打ち蕎麦《そば》・バターづくりなどさまざまな体験ができます。

子どもたちが挑戦しているのは「**こだわりソーセージづくり体験**」。添加物を一切使用しないで、腸詰めからくん煙まで自分たちでつくります。

「ソーセージづくり体験」が終わり、今度はお母さんと子どもたちが、一緒に豆腐づくりにチャレンジしました。田尻町で獲れた大豆を使って、一から豆腐づくりを学ぶことができます。男の子も楽しそうにお母さんを手伝っています。

母親のひとりが、

「わたし、お豆腐が大好きなものですから。ちょっと自分でつくるとなるとたいへんなんですけど、子どもがすっかり憶えたって言ってましたので、あとでゆっくり聞こうと思います」

と言うと、もうひとりの母親が、その言葉を受けて、

「普段は豆乳なんか絶対飲まないのに、ここで自分たちでつくったら、すごくおいしそうに

飲んでいたんで、(自分で)つくるとなんだかすごくおいしく感じるんじゃないかなあと思って……つくる過程がわかってよかったと思います」

と感心しています。

本物の味を知った子どもたちに、これからチェックされるかも知れませんね、お母さん。

「たじり穂波公社」の菊地孝志さんが、まとめます。

「都市の人を呼ぶことによって、あらためて地域を見直す機会になったのかなあと思いますし、また、都市から来る方も、こういった農村に来ることによって農業の大切さとか魅力を理解してもらう機会になっているのかなあと思います」

田尻町の「手づくり体験」では一味も二味も違う、まさに本物の味を楽しむことができます。みなさんも一度、田尻町に来て体験してください。

※「研修センターロマン館」 TEL0229－39－2424

アンのコメント

手づくりソーセージと豆腐、おいしそうですね。子どものころを思い出しました。子どものころ、牛乳などの乳製品があまり好きではなかったんです。ところが小学校一年生のときに、父の実家に行っておじいさんと一緒に乳しぼりをして、そのしぼりたての牛乳を飲んでおいしく感じたんです。自分の手でつくったからおいしいという気分を味わったと思います。

ここ四十年ほど先進国では、食糧生産とか加工がどんどん専門化して、純真さが失われてきているのではないかという気がして仕方がないんです。自分の命を支えている食べ物がどこでどういうふうにできているのか、わからない人々が増えてきているということは、多少気になるんですね。

その意味では、田尻町の「手づくりソーセージと豆腐の体験」は、とっても重要な役割を果たしているんじゃないかなあと思います。

［一九九九年八月十四日（土）放送］

岩出山町の「ばんつぁん市」

おばさんたちがトウモロコシを収穫しています。このトウモロコシは、宮城県岩出山町の国道四五七号線沿いにある「ばんつぁん市」で売られます。どうして「ばんつぁん市」なのか？それは、運営スタッフの平均年齢が七十五歳以上と、全員が「ばんつぁん」だからです。

この「ばんつぁん市」は、一九九九年の五月十二日にオープンしました。収穫したばかりの新鮮な野菜や山菜、加工品、季節の花や会員手づくりの手芸品などが、ところ狭しと並んでいます。

九十六歳のばんつぁんがつくったカゴもあります。

「ばんつぁん市」会長**千葉みゆき**さんが「ばんつぁん市」のビジョンを語ります。

「四季を通じていろいろ出すのであれば、花も植え替えしてとか、いろいろなものを植えて、絶えず出せるようにしていかないとだめじゃないかなあと思ってますけどね」

「ばんつぁん市」は、利益を目的とするのではなく、自分たちの生きがいづくりにと始められました。今では、お客さんと触れあえる「市」のある日が待ち遠しく、病気になるお年寄りも減ったそうです。また、お客さんの笑顔を思い浮かべると、農作業も楽しくなると言います。

お客さん（女性）も満足しています。

「朝に獲ったものだから新鮮ですね。新鮮だし安心して買えるっていうか、つくってる人の顔が見えますしね」

お客さん（男性）が相槌《あいづち》を打ちます。

「いいね、新鮮でとっても。安いしさ、値段もね」

新鮮な野菜を安く売ってくれるだけでも嬉しいのに、「ばんつぁん市」では、毎回、手づくりのお惣菜やお餅などがお客さんに振る舞われます。これもまた、深みのあるお味で大好評。

みなさんも一度、岩出山町にお越しの際は、地域で獲れた野菜や山菜など「なんだりかんだり」取り揃えている「ばんつぁん市」にちょこっと寄ってていがいん！　損はさせねがら！

※開催毎週水曜日・土曜日午前九時〜午後三時

アンのコメント

平均年齢が七十五歳。本当にすごいですね。本当にすごいパワー。

このまえ、静岡県の掛川市で農業フォーラムに参加して来ました。日本社会の第一次産業である食糧生産者の評価などについて話してきました。そこでひとりの女性生産者が、こう言っていました。

「ここ五十年間は、生産者と消費者のあいだでたがいに顔が見えなかった。どちらも不安を持っていました。農業者は、自分が汗を流して心をこめてつくった農産物を、本当においしく食べてくれているのかどうかがわからない。一方、消費者は、自分が食べているものが、本当に安全なのかどうかがわからない」

そのため残念ながら生産者と消費者のあいだのすれ違いというミゾが生じてしまいました。

岩出山町の「ばんつぁん市」は、本物のおたがいの顔の見える、消費者と生産者をリンク――つなぐ、とっても有意義な活動のように思います。本当にすばらしいです。

［一九九九年八月二十一日（土）放送］

アンのキノコ採り

宮城県小野田町漆沢の山に生えているキノコ「ナラタケ」をアンが採りに行きました。同行者は、高嶋胞喜《たかしまえなき》さんです。この人はこの近辺の山のことは隅々まで知りつくしていてキノコや山菜から見れば、「恐ろしい方」なんです。


険しい山道を歩いて、あまり人目につかないところに生息しているキノコを、アンは見つけられるかしら？　キノコを見つけるのはとてもたいへん。

歩きながら高嶋さんがアンに語りかけます。

「わかる？　ぶらさがってるの」

「ハイ、山ぶどうですか」

「そうそう」

高嶋さんが、一房、山ぶどうを採って、アンにわたします。

「ありがとう。いっぱいあるんですね」

「甘酸っぱい？」

「そうですね。わたし、皮も好きですから、(農薬などかかっていなくて) 安心して食べられるのがなによりですね」

高嶋さんが前方を指さします。

「あの小さくてポツポツ出てるの、あれ、みんなキノコだ」

「ワーオー！　マイゴッド！　なにかお花畑みたいですね」

「あれはナラタケですね。味噌汁にしたら最高！」

「キノコの生長は速いんですか？」

「芽が出てから三日でダメになるね」

違う場所での会話。

アンが聞きます。

「これはなんですか？」

「ブナハリタケ。えらいきれいなキノコね、白くて」

ここで、アンが基本的な質問をする。

「キノコを採るときのルールとかありますか？」

「ないね。みんな根元を少し残せって言うけども、それは意味がないんだよね。キノコが大きくなればなるほど木を腐らせるからね。逆なんだよね。山菜の根は残してもいいけども、キノコは残さないほうがいいんだよね」

　急な斜面を降りて、大きなブナの木についた「ブナハリタケ」を枝を使って採る高嶋さん。アンが感想を述べます。

「おいしいキノコはこういう危ないところにあるんじゃないですか？　わたしの印象なんですけど」

「そうそう」

「キノコ採りは結構危ないんですよね」

「危ないね。こういうところだと奥山に来なくちゃいけないから、なおさら。全然知らない人が山に来たって迷うだけさ。あとゴミね。ゴミだけは残さないで欲しいね」

「先ほど空缶をちょこちょこ見たんですけど」

「あれは最悪だね。来るときはマナーを守ってもらいたいね。山に来たっていいけども」

「カナダでは足跡以外は全部持って帰ってくださいっていうスローガンがあるんですけど」

「まったくそのとおり。同感ですね」

――最後は山の環境問題に話が及んで、楽しいキノコ採りは終わったのでした。

アンのコメント

キノコ採りは本当に楽しかったです。トム・ソーヤの気分になって冒険に出かけたような感じでした。キノコ採りで、自然の美しさと同時に恐さをあらためて感じました。わたしは方向音痴ですから、高嶋さんのような山の専門家なしでは、とてもじゃないですけど山に入れません。

自然の奥深いところに入るときに、遭難事故のないように、潜在的な危険に配慮することは、とっても大切なのではないでしょうか。

［一九九九年十月三十日（土）放送］

生ゴミが堆肥に・ＥＭボカシ

生ゴミに混ぜると、その発酵をうながし、生ゴミをとても良質な「堆肥」に変えるのが、「ＥＭボカシ」。

「EMボカシ」のつくり方を、まず、ご紹介しておきましょう。

■原料は米ぬかです。

■有用な微生物群の集まりのEM溶液と糖蜜をセラミック水でよくかき混ぜ、百倍液をつくります。

■その百倍液を米ぬかに入れて、均等に発酵するようによくかき混ぜます（このかき混ぜ作業がとても重要。自分の手を使って丁寧に混ぜあわせます）。

■そして、空気を抜いたビニール袋に詰めて発酵するのを待ちます（内側は二重の白ビニールで閉じ、その上を黒ビニールで遮光《しゃこう》する）。冬は発酵するまで、一か月から二か月もかかります。

「**宮城県立石巻養護学校**」の高等部のみなさんが、「**EMボカシ**」をつくっています。一九九八年の十月から、午前中の作業学習の時間に、先生と生徒が一緒になってつくっています。最初はみんな勝手がわからずちょっと苦労しましたが、今では一日に三〇キログラムもつくれるようになりました。

主事の**武山律夫**さんが説明してくれます。

「これが二か月発酵させたEMボカシです。このように菌の固まりがついています。このままでは商品にならないので、これをふるいにかけます。そのあと、広げて乾燥させます。

（直射日光を避け風通しのよいところで）乾燥させることでEMの菌が休眠状態になります。約六か月間は保存できる状態になります。完成したEMボカシを家庭の生ゴミに振りかけると、生ゴミの水分で休眠していた菌が発酵を始め、発酵した生ゴミを畑に入れるといい堆肥になるということになります」

武山さんは、こうも言います。

「ひとつの与えられた仕事をキチッとこなすという力と、仕事に対する自分の心構えということと、それから自分で仕事を判断していく判断力と、そういうところをこの三年間で自分の力に応じて対処する力をつけていって欲しいなと考えています」

「石巻市ごみ処理対策課」の**守屋克浩**さんが激励の言葉を送ります。

「市民がEMボカシを使いますので、石巻養護学校のみなさんにEMボカシの製造をがんばってもらいたいと思います。石巻市では平成八年度から、EMボカシの発酵容器を二個購入した場合、一個分を補助しています」

これを使うと生ゴミは減るし、堆肥はできるし、値段も一個百五十円とお手ごろだし、どんどん「EMボカシ」を利用してください。

＊お問いあわせ先　「悠々の里コスモス」　TEL0225－95－6424〔(月)～(金)〕

アンのコメント

「EMボカシ」づくりはなつかしいですね。

八年まえに長野県の富夢想野塾《とむそうやじゅく》という農村塾で、日本の農村社会や農業を研究したときにEMボカシをつくりました。富夢想野塾《とむそうやじゅく》で無農薬農法や有機農法の野菜づくりをいろいろいろチャレンジしてみました。はずかしい話ですが、実は成功したことより失敗したことのほうが多かったんです。まあ素人ですからね。でも本当に植物を育てることは、どれほどデリケートな作業なのかを、肌で体験しました。野菜づくりを通して試行錯誤をする貴重さを、富夢想野塾《とむそうやじゅく》で学んだような気がするんです。

石巻養護学校のEMボカシづくりの活動もなかなか有意義なものだと思いませんか。彼らの活動は教育の一部ということだけではなく、生ゴミ処理、リサイクルという社会貢献にまでなっています。みなさんは生ゴミはどういうふうに処理しているんでしょうか。

〔一九九九年十一月六日㈯放送〕

アンのさつま芋掘り

宮城県川崎町の広大な「みちのく公園」。東西南北に立つ巨大な石は、太古から未来への悠々の日々の営みを見つめています。

「みちのく公園」では、十一月は、「さつまいも月間」。園内で育てた野菜の収穫に、一般市民に参加してもらい、土に触れて、収穫の楽しさと秋の味覚を味わってもらうわけです。

畑は園内の「ふるさと村」にあります。東北を代表する古い民家を移築復元して、風土と歴史に培《つちか》われた「みちのく」の暮らしの文化を伝えているところです。

アンが感心します。

「はあ、立派な家ですね。こうやって昔、日本人は住んでいたんですね。でも不思議ですね、時代とともに全然家が変わってしまって、一昔まえまでみんなこういうのに住んでいたのに、今になってつくりたいと思ってもつくれないんですよね」

「鳴瀬川河畔の家（旧菅原家住宅）」は、洪水のときに家具や食料などをすばやく二階にあげることができるように、二階の床板が一部取り外せるような工夫がされています。

アンが案内のおばさんに聞きます。

「どんな人が住んでいたんですか？」

「これは庄屋さんの家で、人を使っていたでしょ、カイコを飼ってましたので。二階はカイコを飼っていたので広いですよ。一階は住まい。ここは（と土間を指差して）、働いていた人たちがご飯を食べていたところ」

「キッチンっていうか台所ですね」

「そうそう、今ふうに言えばね。奥はお客様の部屋とか」

「（お客様と働く人を）分けていた?!」

「そうなんですよね」

「あー、日本の文化を、そこで感じますよね」

「そうでしょう」

……日本の文化を感じているのもいいんですが、さつま芋掘りは、先着百人しか参加できないのです。さあ、急ぎましょう。


子ども連れに混じってアンが芋を掘り始めます。

アンが戸惑っています。

「いろんな農作業はやりましたが、芋掘りは、はじめてですから、どういうふうに探せばいいのか。ＯＫこの、辺かな？　ＹＥＳ、出てきます、ありました。もう一個あるみたいですね。ありました。この芋の世界、面白いんですよね。このところあんまり土に触れる生活をしていないから、これがなんとも気持ちいい感覚ですね。これで収穫は四個かな」

この年のつぎの週の土曜日・日曜日は白菜収穫でした（先着百人）。

※問いあわせ先　みちのく公園管理センター　TEL0224－84－5991

アンのコメント

「みちのく公園」のなかにある「ふるさと村」は、外国人のわたしにとっては、とっても印象深かった。古いものだからすべて「形になっている」とは思いません。しかし「ふるさと村」に行って、明治時代に建てられた山形、秋田、宮城など東北地方の家を見て感じたのは、やはり昔の日本の家は、長い年月によってつくりあげられてきたもの——人間の経験と生活の知恵が生んだものだということです。やはり、昔の人は、いかに自然とともに生活してきたのかを、「ふるさと村」に行って肌で感じたような気がするんです。

話題を変えますが、子どものころ家の畑で、家族七人分の野菜をつくりました。さつま芋掘りという形で、若い親が子どもを連れて土に触れるチャンスを与えていることは、すばらしいことだと思います。ひとりでも多くの親が、子どもたちに野菜づくりを体験させることは、子どもの人生にとって大切なことではないでしょうか。［一九九九年十一月二十日（土）放送］

ケナフ栽培

みなさんは「ケナフ」という植物をご存知でしょうか?

「ケナフ」はアオイ科ハイビスカス属の一年草で、生長がとても早く、半年で四〜七メートルの高さになります。「ケナフ」は木材と同等の紙をつくれることから、森林資源の保護につながるほか、普通の植物の五〜七倍もの二酸化炭素を吸収します。そのため地球の温暖化防止につながる植物として期待されています。また、二酸化炭素だけでなく土壌中の窒素、リン酸、カリといった有機物を吸収する環境浄化機能もあります。

「河南高校」の千葉浩三校長は、八年まえに「ケナフ」の存在を知り、生徒らと一緒に六年まえから自宅の畑に二千本の「ケナフ」を栽培して、紙づくりに取り組んできました。

今年の六月には「河南高校」の周辺にも「ケナフ」を植えて「ケナフロード」と名づけ、町の人たちにもPRをしています。

千葉校長のお話。

「今まで使ったことのない原料ですから、つぎつぎと新しい製品が誕生しているわけですね。ですからこれからも新しい製品が出てくる可能性はありますね」

「ケナフ」の茎は良質な紙や繊維製品の素材になることから、便箋やノート、ハガキのほかに、油取り紙やティシュペーパー、掃除機用紙パックなどにも利用されています。また「ケナフ」の葉も栄養が豊富で、香りがあり食品にも利用されています。

千葉校長が生徒に紙づくりの説明をします。

1. 「ケナフ」の皮をむいて一か月ぐらい乾燥させる。
2. 二〜三センチぐらいにハサミで切る。
3. 鍋で二〜三時間煮る。
4. 絞って叩く。
5. ダンゴ状になったものをミキサーにかけてほぐす。
6. パルプになるので、すくうと和紙のような紙になる。

生徒が感想を述べます。

「自分たちが刈り取ったケナフが、このように簡単に紙になると思わなかったので、とても驚いています」

なお、千葉校長は「ケナフ」をわかりやすく紹介するため、「ケナフ」を原料にした紙を使って絵本を出版しており、イラストを用いて「ケナフ」の育て方や紙づくりの方法などを詳しく紹介しています。

※絵本の問いあわせ先　農山漁村文化協会　TEL03－3585－1141

農林水産省でも「ケナフ」の栽培や収穫技術の研究をおこなっていて、製品化する企業も増えてきました。

紙の原料として、環境を浄化する植物として注目される「ケナフ」。いま、個人やグループが取り組んでいる「ケナフ」の栽培は、ほんの小さな活動に見えますが、地球環境を守るための大切な一歩と言えるのではないでしょうか。

アンのコメント

ケナフが栽培されているのは東南アジア、アフリカ、中国、アメリカ南部など温帯から熱帯地域まで幅広いんです。ケナフと馴染みのある方は少ないと思いますが、宮城だけでなく日本、そしてグローバル社会にとってはとっても重要なものなんです。

ケナフはふたつの役割を果たしてくれるんです。

ひとつめは二酸化炭素を多く吸収します。それによって地球の二酸化炭素を減らし、地球温暖化の防止に役立ちます。

ふたつめは森林伐採が地球規模で進み、森が少なくなっています。緑が失われつつあります。伐採に応じて植林をしなければならない。しかし間にあわないのが現状なんです。そこでケナフが注目され始めました。ケナフは生長が早く、一年ごとに収穫ができます。それだけではなくて、栽培もとても簡単なんです。家庭でできるほど簡単です。

利用価値の高いケナフの普及はこれからですが、河南高校がいち早くケナフ栽培に取り組んでいることは、本当にワンダフル！　で感心しています。これからの活動に期待しています。

［一九九九年十一月二十七日（土）放送］

小学校の冬季宿舎入寮式

宮城県小野田町の「鹿原小学校」は、全校児童四十五人の小さな小学校。

そのなかの五人を、まず紹介します。

とても絵が上手な三年生の**苅部友香**ちゃん。学校で一番元気のいい**高橋恵**ちゃん、四年生。四年生の**畠山直也**くんは、とても頑張りやで勉強熱心です。五人兄弟の長男で、人の面倒見のいい**苅部健太郎**くん、四年生。先生の手伝いを進んでする五年生の**小山加代**ちゃん。

この五人は、みんな小学校から四キロメートル以上離れたところに住んでいる遠距離通学の児童なんです。小野田町はたいへんな豪雪地帯で、冬のあいだは小学校へ通うのがたいへんになるため、小学校の敷地内にある冬季宿舎「松風寮」で生活をします。

入寮式には保護者が布団や着替えなどを寮に運びこみます。保護者は、この日がくると本格的な冬がやって来たと感じるそうです。子どもたちは、十二月一日から翌年の三月十日まで、家族のもとを離れ、仲間と共同生活を送りながら小学校へ通います。

いよいよ入寮式が始まりました。今年は六年生の入寮者がいないので、五年生の小山加代ちゃんが寮長を務めます。加代ちゃんは一年生から寮生活をしているベテランです。

加代ちゃんが挨拶をします。

「わたしは今度はじめて寮長をすることになりました。みんなをまとめて、先生やみんなと楽しい思い出をたくさんつくりたいです」

子どもたちより保護者のほうが、別れるのが寂しいみたいですね。休みのまえの日には自宅に帰るんですから、そんなにしょんぼりしないでください。

児童のひとりのおばあちゃん。

「寂しいですね。でも今年は二年目だから。去年ははじめてなので心配しました」

お母さんのひとり。

「勉強面よりも生活面で、家でなかなかできないことでもやってるみたいなので。そういうことを身につけてきてもらいたいんですね」

もうひとりはじめて家族のもとを離れて生活する人がいるんです。四月に講師として小学校に来たばかりの**佐々木一晴**さんが舎監の大役を任命されたのです。

佐々木さんが抱負を語ります。

「わたし自身が今まで自宅から、あちこち通っていたもんで、はじめてのひとり暮らしというこことで、いい経験になるかなあと思います。子どもたちとの生活というのも、またこれから教員になるうえで、いい経験になるかなあと思っています」

昭和四十五年に建てられた「**松風寮**」には、多くの人たちの思い出がつまっています。今は、車で子どもを送り迎えすることもできるんですが、子どもにも自分と同じ寮生活をさせたいと入寮を希望する親御さんもいます。相手のことを考え、思いやる心がなによりも自分を成長させるといいます。

一九九九年の冬、寮に入った五人のこどもたちも春には、一回りも二回りも大きく成長していることでしょう。

アンのコメント

入寮式でおばあちゃんの目から涙がポロッと出そうになったのは、とても感動的でした。小野田町の「松風寮」の話を聞いて、わたしは（高校時代の）日本でのホームステイを思い出しました。（大人になってからも）五日間から三週間ぐらい日本各地の漁師の家で一緒に生活し、たとえば定置網の手伝いをしたり、加工工場で魚の内臓や卵を取ったりしました。人生の長いスパンで考えると、こうしたホームステイは短いものかも知れませんが、一日中同じ作業をし、同じ空気を吸うことによって、とても強烈で忘れられない体験になりました。

本当に恥ずかしいんですが、別れのときがやってくると思わず涙がボロボロボロボロ流れます。ホームステイと多少違うでしょうが、小野田町の小学生は、その体験によって違う角度から家族を見ることができて、視野が広がる種が自分のなかに芽生えるかも知れません。

［一九九九年十二月十一日（土）放送］

東和町のダチョウの飼育

宮城県東和町の人たちは「町の新しい産業として、また地域の活性化に！」と、たいへん大きな期待をダチョウに寄せています。それもそのはず、肉はもちろん、皮や羽も利用価値があり、ダチョウには捨てるところがないんです。とくに表面がボコボコしている独特の皮製品は、デパートなどで高級品として売れています。

また、「東和町役場」の隣にある物産館「林林館《りんりんかん》」では、ダチョウの肉料理が味わえます。高タンパク、低カロリーで鉄分も多く含まれているということで、女性に人気があるそうです。

「たたき」（八百円＝二〇〇〇年一月の値段。以下同様）は臭みやクセがなくサッパリした味です。「から揚げ」（千円）は見た目と違い脂身が少なくアッサリとしています。「冷しゃぶふう」（八百円）は女性に一番人気です。お店の一番人気は、ヘルシーなダチョウの肉の特徴を生かして焼いたボリュームたっぷりの「ステーキ」（定食千二百円）です。

みなさんも東和町にお越しの際は、ぜひ「林林館《りんりんかん》」（TEL0220－45－1218）でダチョウ料理をご賞味ください。

ダチョウの卵はとても大きいので、およそ一キログラム前後のヒナが生まれます。それが一年もすると百倍に体重が増え、一年半ぐらいで食用として出荷することができます。また一日の飼料代も一羽あたり五十円ととても安く済むんです。食用に育てるのに二〜三年はかかる牛と違って、とても効率的なことがわかると思います。

ダチョウの産業化に取り組んでいるのは、「東和町リッチクラブ」という団体です。今から四年まえ、町の有志から基金を募り結成されました。はじめはカナダから三羽のダチョウを購入し養殖を試みましたが、失敗。それからは南アフリカやアメリカから有精卵を輸入してふ化させ、今では二十羽まで増えました。

飼育担当は千葉正一さんです。朝夕二回餌を与えるほか、健康管理などに気を配ります。今では一羽一羽の性格まで把握しています。

千葉さんがダチョウを指差しながら解説してくれます。

「こちらの一回り小さいほうは非常に産卵率はいいんですけど、やや警戒心が強い。こちらのほうは好奇心が強いですね」

東和町では農家の高齢化もあり、農作物がつくられなくなった農地が多く見られます。お年寄りでも飼育が簡単なことから、「東和リッチクラブ」では、町内の農家にダチョウを貸し出す計画を考えています。

「東和リッチクラブ」会長の佐々木嘉男さんが、これからのビジョンを語ります。

「はじめての肉だということで、全然消費者もわからないし、それを勉強するルートもない。そのルートの開発と消費者へのPR、それが一番課題になってくるだろうと思うんです」

アンのコメント

東和町はなかなかユニークで創造に富んでいる町づくりをしていると思いませんか。グローカルという言葉があります。これは最近できた言葉で、グローバルとローカルをミックスしたものです。インターナショナルな国と国との交流は大切ですが、行政主導の交流だけでは本当の意味での国際化にはなりません。市民レベルでの地域交流がもっとも望ましいことです。地域と地域の交流から生まれた国際化が、まさに東和町のダチョウの飼育だと思います。ダチョウの大使ですね。

このあいだ、アフリカ大陸の南部にあるナミビアに行ったとき、砂漠でダチョウの群れに会いました。ナミビアは、四〇度近い暑い日差しにさらされている国で、日本と気候風土が全然違うところです。砂漠のなかで生きているダチョウが、北国東北でも立派に成長できる生命力というか順応性に感心させられます。

ところでみなさんは、ダチョウの肉を食べたことがありますでしょうか？　わたしは六年まえに、東京のアフリカ料理店ではじめてダチョウの「たたき」を食べました。正直いって最初は多少戸惑いましたが、食べてみたらあっさりしていて、野鳥独特の臭みもありませんでした。低カロリーなので、すっかりダチョウの肉のファンになりました。
地方の農業が抱える高齢化問題や、休耕田の活用などの問題を解決した地域生活・地域活性化は、ダチョウの大きな卵とともに大きな夢を与えてくれました。

［二〇〇〇年一月二十九日（土）］

地域を撮りつづける気仙沼のアマチュアカメラマン

宮城県気仙沼市水梨地区の変わりゆく風景や働く人々の姿などを後世の人たちに残そうとしているのは、アマチュアカメラマンの佐々木徳郎さんです。

佐々木さんは今までに『写真集・百姓日記』『ふるさとの萱葺屋根』の二冊の写真集を出版しています。写真は、つい見逃してしまいそうな自然の美しい営み、農作業をする人々、消えゆく茅葺《かやぶ》き屋根の家など、ふるさと気仙沼・水梨地区を題材としたものばかりです。

アンが、佐々木さんを訪ねました。

そのアンに向かって佐々木さんが語りかけます。

「この地区は、昔はほとんどが茅葺《かやぶ》きの家だったんです」

「何軒くらいあったんですか？」

「大体、半分ぐらいは茅葺《かやぶ》きの家だったんです」

「いつごろまで？」

「昭和三十年代ですね。わたしの家も茅葺《かやぶ》きだったんですよ。その茅葺《かやぶ》きの家を解体して新しく建て替えたんですけども、それで記録に残しておく必要があるなと思って。それからは一軒ごとに撮り始めました」

「建物のうしろのほうに工夫があると聞きましたが？」

「南側のノキは結構高いんですけど、うしろの北側はずっとさがっているんですよね。それは冬、寒くないように、風がなかに入ってくるのが、少しでも和らぐように屋根を下までずっと伸ばししているんですよね」

「茅葺《かやぶ》きの家は、冬寒くないんですか？」

今も茅葺《かやぶ》きの家に住む**小野寺照繁**さんが、答えます。

「冬は暖かいようだし、夏は涼しいようですね、よその家と比べれば。でも現在はどこの家でも屋根を直して近代的な生活をしているようで、やっぱり、おいおいにはそういう考え方にならざるを得ないんではないかと思っています」

昭和三十年代には、この地域では、およそ半数の家が茅葺《かやぶ》きでしたが、今ではわずか二軒だけになってしまいました。三冊目の写真集の出版を考えている佐々木さんは、慈しむように小野寺さんの家全体をながめシャッターを押します。

佐々木さんは自宅に帰ると暗室にこもり、撮ってきた写真を現像します。兼業農家の佐々木さんは、休みのわずかな時間を利用して写真を撮りつづけています。

奥さんの陸子さんも応援しています。

「つぎの世代に残していくような写真を撮ってもらいたいと思います。なくなりつつあるものを残していく、そういう写真であって欲しいと思います」

三冊目の写真集出版を考えている佐々木さん。一番困るのが、どの写真を掲載するかの選択です。

「一枚一枚ていねいに目を通します。写真集三冊目を出すのは、平成十五年が写真を始めてちょうど五十年になりますから、そのあたりをメドにつくってみたいと思っています」

アンのコメント

これからも佐々木さんは撮りつづけます。移りゆく自然や人々を。

一年ぶりに気仙沼を訪ねました。市場の近くの料理屋のみなさんは、わたしのことを覚えていてくれていて、本当にうれしかったです。THANK YOU！

佐々木さんと会うまえに彼の写真集を見ました。お世辞じゃなく、本当に感動しました。わたしは佐々木さんと同じような畑を歩いていますので、彼が撮った写真の一枚一枚の裏にある苦労――費やした年月の重みがよくわかります。佐々木さんの写真は単なる記録ではなく、そこに写った人の会話が聞こえるような、生き生きとした写真です。彼は人の心をよくつかめるカメラマンです。茅葺《かやぶ》きの家に住んでいる小野寺さんもまた印象深い方です。なんと言ったらいいでしょうか、無理とかわざとらしさ、あるいはあきらめでもなく、自然に茅葺《かやぶ》き屋根の下に暮らしています。

ほかの地域のあちこちで訪ねた茅葺《かやぶ》きの家は、博物館の香りがあって、戸惑いながら玄関にあがることが、ままあるのです。そこで、歴史の保全の難しさを感じていました。

小野寺さんのところでは、茅葺《かやぶ》きの家そのものが醸し出す四季の移り変わりが感じられ、さらに、茅葺《かやぶ》きの家に命がやどっているような気がしました。

この家の百五十年の歴史もいつかは消えるでしょう。しかし、佐々木さんの一枚の写真は永遠に生きつづけます。

［二〇〇〇年二月二十六日（土）放送］

本吉町農漁家「レストランはまなす工房」

二〇〇〇年一月に本吉町幸土《こうど》に、農漁家レストラン「はまなす工房」がオープンしました。

このレストランの目玉は、南三陸の自然の恵みたっぷりの郷土料理です。「**本吉地域農業改良普及センター**」の指導、助言を得て完成させました。その料理とは……勘のよい人は、もうおわかりですね。お餅――粘りがあって、おいしそうなお餅！

餅つきが終わったら、さっそく料理にかかります。

南三陸の海の幸、山の幸を盛りこんだ懐かしく素朴な味わいの「餅料理」。食材は本吉町で収穫されたものばかりで、とくに「もち米」や「小豆」「野菜」などは、夫の**三浦輝夫**さんが丹精こめて育てたものです。

できあがったお餅は、慶応二年（一八六六年）にご先祖が購入したという漆塗りのお椀に盛られます。

ずばり、「南三陸もち御膳」。

ひとつずつ紹介します。

■ホヤが入っているのが特徴で具沢山、醤油味のあっさりとした「雑煮もち」。

■老若男女を問わず好まれる、もち料理の定番「あんこもち」。
■麦芽でもち米をじっくり煮詰めてつくった飴に、もちをからめた「あめもち」。
■鬼グルミを摺りつぶし、砂糖と塩で味づけしてからめた「くるみもち」。
■大根おろしを酢と砂糖で味をととのえ、口直しの役割と消化を助ける「なますもち」。
■栄養価の高い「すり胡麻」をのばし、砂糖と塩で味づけしてからめた「ごまもち」。
■かつおを醤油で味をととのえてからめた「かつおもち」。

奥さんの加代子さんが開店当時を振り返ります。

「本当に喜んで食べてもらえるのか、オープンまえは心配でした。(でも、そのあと)おもちがおいしい！　と言って友達を連れてきてくれたり、仙台から何度も足を運んでくれる人もいて嬉しいです」


お店の裏には「タラの芽」が顔を出していて、これからは山菜や蕎麦《そば》料理も出そうかと考えています。

お店ではできるだけ旬のものを「おもち」にしてサービスで出しています。この日は「ふきのとう」のおもちでした。

お客さんの感想。

「ここに来ると、なますにもちが入るとか、味噌に入るとかいろんなものが出てくるので、知人に珍しいものを食べさせてあげたいときによいお店です」

はまなす工房は予約制で、予約は三日まえまで、三人以上二十人までとなっています。

＊問いあわせ先　レストラン「はまなす工房」　TEL0226－42－4978

アンのコメント

餅と言うといろんなつくり方や食べ方がありますね。わたしは、今では「磯辺焼き」が大好物ですが、はじめて餅を食べてみたときに、どう噛《か》めばよいのか判らなくて、のどに詰まってしまいました。どの人間でも好き嫌いはありますが、在日外国人同士でよく言うのは、餅を好きになるには年月がかかるということです。日本の滞在期間が長い人じゃないと餅が食べられない……と言うことじゃないんです。餅が食べられる外国人たちの共通点は、日本文化を理解しようとして、あらゆるものにチャレンジし、努力している人たちと言えるでしょう。

言い過ぎかもしれませんが「食」は文化の大きな柱のひとつです。食文化をお腹に入れなければ、結局その文化を拒絶してしまうことになる気がしてならないのです。簡単に言ってしまえば異文化入門は、食べ物でその第一歩を歩み、食べ物に尽きると思います。農漁家レストランは地元でできたものを中心に使って、旬の物を出し、餅を通して日本の文化をほのぼのとした形で伝承しています。なかなかすばらしいと思います。

［二〇〇〇年四月一日（土）放送］

看板も新鮮！ 志津川の産直所

二〇〇〇年三月十八日にオープンした直売所の話題をお届けします。

「**入谷サン直売所**」と大きく書かれている看板は、遠くからでもよく目立ち、お客さんが立ち寄っていきます。果物や野菜の絵が上手に描かれています。実は、この看板、地元の「**志津川高校美術部**」の生徒が描いたものなのです。

直売所から看板の制作を依頼された美術部員たちは、春休みを返上して看板づくりに励みました。試行錯誤をくり返しながら、下書きから完成までおよそ一か月かかりました。

この看板を描いた美術部員のインタビュー。

「一番苦労した点は野菜の色の出し方やつくり方がうまくいかなかったことなんですけど、

みんなで色の出し方を考えてから取りかかったら、自分たちが思っていた以上の野菜の色あいが出せるようになって、そこからは、あっという間に看板ができました」

美術部顧問の先生がフォローします。

「生徒の作品にしては一番大きい部類に入りまして、滅多にない、いいチャンスでしたので、やってみようということで、いい経験になったのではないでしょうか。それで、生徒が一生懸命つくりましたので、それをお客さんが見て、直売所のほうに足を運んでいただければ幸いと思っております。本当にこの看板はよく目立ち、予想以上のお客さんの数に農家の人たちも大喜びです」

阿部雪枝さんが、そばから口を挟みます。

「看板の材料だけ（生徒さんのほうに）やって、完成するのを楽しみに待って見にいったら、すごく素敵な看板をつくっていただいて、みんなでここに掲げて、この建物にすごくあっていて、お客さんにも、どんどんこの看板を目指して来ていただいております」

直売所余談でした。


さて、「入谷サン直売所」では、志津川町《ちょう》入谷地域の農家が生産する新鮮な野菜や果物、山菜、花などを直売しています。一九九九年の夏から試験的に販売を始め、二〇〇〇年の三月から本格的に毎週土曜日と日曜日に直売活動をしています。店内の品物はほとんど朝収穫してきたものばかりで、どれも新鮮そのものです。

農家の人も自信を持っています。

「新鮮だし、やっぱり朝採りだし、それが一番じゃないかしら。スーパーなんかで売っているのと違って、全部生き生きしている……ものが、いいと思います」

意外なことに、直売所の人気ナンバーワンは草大福なんです。朝九時に開店して三十分で売り切れてしまうこともあるくらいなんです。とにかく草大福は人気で、ひとりでいくつも買っていく常連さんがいるほどです。手づくりだからこそ出せる素朴で懐かしい味が受けているのでしょう。

雨模様にも関わらず、お客さんが途切れることなくやって来ます。これも看板効果のおかげのようです。

お客さんも、こう言います。

「そう!! この看板で入ったの。目立つ、目立つ。それで（いっぺん通りすぎて）戻って来たのよ」

みなさんも志津川町でこの看板を見かけたら、一度来てけさいん！ 国道三九八号線沿いにありますから！

アンのコメント

迫力のある看板ですね。「志津川高校」の学生の生き生きとした青春が伝わってきます。また、新鮮な野菜直販売店に、(看板が)ぴったりあっていると思いませんか。

わたしのふるさとでは、ビニールハウスで野菜を栽培しないので、栽培期間は二か月ほどしかありません。地元でできた野菜は夏しか味わえないので、農家の直販売店は結構人気があります。

志津川町の農家の人たちの販売所は、なかなかいいと思いませんか。なんか日本の地方のよさを感じます。つまり、ひとりひとりが個別になにかをやるというより、ひとりひとりの力をあわせてみんなでなにかに挑戦します。また、若い学生たちが農家の人たちと力をあわせて、地域が一体となっているのも、ほのぼのとしています。[二〇〇〇年五月二十日(土)放送]

宮城県有機農産物等表示認証制度

宮城県では人と環境に優しい農業を推進する一環として、有機農産物などの栽培に取り組む生産者を支援するとともに、消費者に信頼性の高い農産物を提供するため、一九九九年の四月に宮城県有機農産物等表示認証制度をスタートさせました。県が認証した有機農産物などには、五種類の認証票が貼られて出荷、販売されています。

認証票は化学合成農薬と、化学肥料の使用状況が一目で確認できるようになっています。例えば無農薬、減化学肥料の表示は化学合成農薬を使用せず、化学肥料を通常の五割以下に減らして栽培されたことを現わしています。

この制度によって有機農産物などの生産に取り組む生産者の努力が評価されるほか、消費者は商品を選ぶ際に必要な情報を得られることから、産地のイメージアップや生産者と消費者との信頼関係の向上に結びついています。

認証にあたっては宮城県が配置した確認責任者が、栽培管理状況を厳重にチェックしています。

この制度に対する消費者の反響は、いいようです。

「子どもに食べさせることが多いので、安心しておいしく食べれるものと思って。表示してあるものはだいたい（使用している農薬の量などが）半分以下っていうふうにうかがっているので、やっぱりなんにも表示がないものよりは少し安心かなと思って買ってます」

と言う人もいれば、

「やっぱり安心ですものね。だって目安ないでしょ。これはどういうふうなものか、なにもないと。できるなら直接、つくっているところに行ってね、買いたいんですけどもね。そういう時間もあまりないしね」

と言う人もいます。

「**みやぎ生活協同組合**」農産担当の**秋葉**さんは、

「そうですね、やっぱりお客さまから見ると最近では価格よりも、安心安全な商品を求めて買う方が多いんで、そういった商品とポップ表示を見てですね、買ってゆくお客さんが多いですね」

と言います。

生産者はこの認証制度をどのように思っているのでしょうか？

中田町の**佐藤亀久夫**さんを訪ねました。佐藤さんは十八年以上減農薬栽培に取り組んでおり、今では年間およそ三千個のレタスや一二トンのキュウリを出荷しています。

佐藤さんは、こう言います。

「結構コスト的にかさんでしまうっていうのはあるんですけれども、お客さまに、この野菜おいしいねって言われるのが、一番の励みですね。今後ともこの制度を利用していきたいと思ってます」

佐藤さんはこれからも、もっと減農薬栽培を進め、県の認証を受けていきたいと言います。このような野菜づくりの裏には、きめ細やかな管理と生産者同士が手を取りあって積み重ねた努力があります。

迫ナチュラルファームの三人も、こう呼びかけます。

「毎日一生懸命、心をこめて野菜をつくっています。認証シールがその目印です」

この制度について詳しくは、お近くの「**産業振興事務所**」「**地域農業改良普及センター**」あるいは、県庁の「**農業振興課**」までお問いあわせください。

＊制度に関する問いあわせ　■産業振興事務所■地域農業改良普及センター■宮城県庁農業振興課

アンのコメント

佐藤さんのレタスはおいしそうで、そのまま「ガブーッ」っと食べてみたいですね。

宮城県有機農産物等表示認証制度がスタートして一年になります。みなさんはどうかわかりませんが、この制度ができてからなにより嬉しいのは、有機農産物の特別専門店だけではなく、一般のスーパーでも、この制度が認証したさまざまな有機農産物が買えることです。わたしは買い物をするとき、まず宮城県の地元のものを選んでいます。この制度のおかげでつくっている生産者ひとりひとりの姿勢というか、消費者への思いやりが見えます。

〔二〇〇〇年六月三日（土）〕

■

宮城県が認証した有機農産物などには五種類の認証票が貼られて出荷、販売されています。認証票は化学合成農薬と、化学肥料の使用状況が一目《ひとめ》で確認できるようになっています。

この制度によって有機農産物などの生産に取り組む生産者の努力が評価されるほか、消費者は商品を選ぶ際に必要な情報を得られることから、産地のイメージアップや生産者と消費者との信頼関係の向上に結びついています。

道の駅「おおさとふるさとプラザ物産館」では、地元の農家から採れたての野菜を直接仕入れています。産地直送で、減農薬栽培や有機栽培の野菜がほとんどです。商品を並べているそばから、開店を待ちきれないお客さんが野菜を買っていきます。新鮮さはもちろん、認証シールも貼られ安心して購入できる点が人気の秘密です。

お客さんの感想。

「貼ってもらったものがいいですね。そうじゃないと、やっぱりそういうような判断からいかないと、やっぱりわからないでしょ、あまり、消費者っていうものは」

「まず、全然（農薬など）調整しないでつくったよりは、安心して食べれるのかなーと思って」

認証を受けるには栽培管理状況を細かに報告する必要があります。

ここでも、ふたたび生産者が、この認証制度をどのように思っているのか聞いてみましょう。

大郷町《ちょう》の**西塚忠元**さんを訪ねました。西塚さんは五、六年まえから減農薬栽培に取り組んでいます。養鶏も営む西塚さんは、鶏のふんを利用して有機肥料もつくっています。年間、およそ八千個の露地レタスを出荷する西塚さんは、今年に入って露地レタスのほか、野菜や米など七品目が認証されました。こだわりの肥料で手間暇かけてつくられる野菜には、西塚さんの情熱が注がれています。

「今年（二〇〇〇年）はじめて取り組んでみて、消費者のみなさんに伝える問題よりも、まず、自分たちがなにをしているんだっていうことを記録して、考えてやるっていうことを一番勉強したんです。そして、消費者になるべく（こうやって認証された作物はいいものだと）伝えようっていう気持ちがでてきましたね」

このような野菜づくりには、生産者同士が手を取りあって積み重ねた努力があります。西塚さんは地元の生産者仲間と共同で生産者組合「**大郷みどり会**」をつくって、さらなる有機農産物などの生産・流通に取り組んでいます。

その「大郷みどり会」の代表である郷右近秀俊さんの意見です。

「どういう手続きをふんで、このシールが貼れるんだろうかっていう部分を、若干まだご理解なされていないお客さまが多いんで、そのへんわれわれ生産者としても、産直団体としても、なお一生懸命頑張って、いいものをアピールしたいなと思います」

ご紹介した西塚さんのほかにも大勢の生産者が環境にやさしい農業に取り組んでいます。現在、宮城県の認証を受けている生産者はおよそ千五百人で、年々増加しています。より信頼性の高い農産物の生産、資源循環型の農業を目指し頑張っています。

アンのコメント

この認証制度は（この本のもとになっているテレビ）番組で何回か取りあげてきました。毎回、取り組んでいる農家の数がどんどんと増えてきているのが本当に嬉しいですことですね。環境にやさしい農業のために汗を流している生産者の努力を感じてもらえれば、さらに生産現場でこの制度がますます広がっていくのではないでしょうか。

［二〇〇〇年十月二十一日（土）放送］

産地直売の起業家育成講座

最近、産地直売がたいへんな人気です。宮城県内にはおよそ百三十か所も直売所があります。また、通販でも全国各地の産地直売品を購入できます。新鮮で、なおかつ安い！——今回は「産地直売」に取り組む熱心な起業家たちをご紹介します。

宮城県ではこれから産地直売に新たに取り組む、または、実践している農林業経営者を対象に、必要な知識の習得や経営に関するアドバイスをおこなう、「**みやぎ農林漁業起業家連携講座**」を開催しています。「**古川合同庁舎**」を会場に、二〇〇〇年度夏期は、八月二十四日から四日間の日程でおこなわれました。県内各地から三十人以上のやる気のある起業家が集まり、なかには、会社を辞めて新たに「産地直売」を始めようという人もいました。

講座に参加する動機はさまざまです。講座では、個人個人の産地直売に対する悩みや思いを、みんなで考えながら解決していきます。

直売所・通販・宅配など産直を始めるにあたって、だれになにをどう売ればいいのか、自己資金だけでできるのかなど、さまざまな課題や疑問が生まれます。講座では、各地の実践事例から学ぶべき点をわかりやすく解説していました。

講座二日目。実際に直売所を視察し、取り組み状況と課題・解決策を検討するなど、より実践的な内容に入りました。

道の駅「おおさとふるさとプラザ物産館」では、採れたての無農薬・減農薬の野菜や花、手芸品など地場産品が直売されています。ここに視察に訪れた講座の参加者は、品物の配列、売り場全体の雰囲気、値段など、こと細かに参考にしていました。

参加者の感想。

「現況を視察しまして、非常にみなさんが心からものをつくっているなというのが、実感としてわかりました。われわれも始める以上は、やっぱり負けないようなやり方でやりたいと思って、この四日間ですね、一生懸命勉強したいと思っておりました」

「こういうのに参加している人たちを見て、はじめて思ったんですけど、みんなすごい、生き生きしてますね。やっぱ、社会と交流するっていうのは少ないんで、農家は。こういう講習会をどんどんやっていくべきだと思います」

移動中のバスのなかでも、いま視察した産直所についての細かな解説がおこなわれ、とても充実した研修となりました。

主催した側の「宮城県経営金融課」の支倉政則さんが、こう締めくくります。

「この講座を参考にされてですね、今後、直売所とか、そういった展開をはかっていってもらいたいところなんですけれども、この講座以外にも最寄りの『地域農業改良普及センター』とか『産業振興事務所』、あとわれわれ『経営金融課』のほうでも、そういった取り組みをされたい方々に対しては支援いたしますので、お気軽にご相談いただければと考えております」

たとえピカピカではなく、ふぞろいでも、つくった人の顔が見えて、おいしいものが手に入るのが産地直売のいいところ。これから楽しみな季節になります。

宮城県内各地へお出かけの際に、立ち寄ってみてはいかがでしょうか。

アンのコメント

産地直売所が増えてくると、農家と消費者とのあいだの信頼感がより育ってくるのではないでしょうか。農業は孤独な仕事で消費者と直接触れあえると刺激になりますし、また今度、自分がつくったものに対する責任も生まれてきます。今まで裏で農業を支えてきた女性たちが今後、産地直売所のひとつの「顔」になっていくのではないでしょうか。

［二〇〇〇年九月十六日（土）放送］

川崎町　旬の味！「蕎麦《そば》打ち体験」

稲の刈入れもひと段落し、すっかり秋らしくなってきた川崎町では、秋の新蕎麦《そば》がおいしく食べられます。待ちに待っていた「通」の人も多いんじゃないですか。

そんなあなたに、お教えしましょう。こちらの建物では、本格的な「蕎麦《そば》打ち体験」ができるところがあります。

実は川崎町、宮城県内でも蕎麦《そば》の生産量が一番の町なんです。しかも、秋に採れる蕎麦《そば》が一年のなかで一番おいしいんですって。

おばあちゃんが、蕎麦《そば》の実の天日干しをやっています。

そんな風景のそばで、石臼で蕎麦《そば》粉を挽《ひ》くところから体験できるんです。地元の人が、昔ながらの方法で蕎麦《そば》粉挽《ひ》きを教えてくれます。

石臼で挽《ひ》くのは、はじめてだという親子がチャレンジしています。あんまり早く回しすぎないのが、おいしく挽《ひ》くコツらしいんですが、重くて回すのがやっと、みたいですね。

挽《ひ》きあがった粉で今度は二八蕎麦《そば》をつくります。地元の蕎麦《そば》組合「**互麺会**」の職人さんから、地元の蕎麦《そば》の話を聞きながらつくっていきます。蕎麦《そば》打ちだけじゃなく地元の人との触れあいも楽しみのひとつです。

ところでみなさん、蕎麦《そば》打ちで難しいことってなんだか知ってますか？　乾燥なんです。乾燥。乾燥してくると、のばす段階で、ヒビが入って切れてしまうんですよ。経験のある方もいるんじゃないですか。「蕎麦《そば》打ちは早さが命」です。

今度は大きな包丁で、切り方に挑戦です。

お母さん大丈夫ですか!?

……やっぱり、うどんになっちゃいましたね。お父さん、大爆笑です。

でも、これってほんと難しいんですよね。まあ、食べごたえがありそうでいいんじゃないですか。

水で食べる？　さすが職人！　「通」ですね。自分で打った蕎麦《そば》の味、さぞかしおいしいことでしょう。

「蕎麦《そば》打ち体験」を終えた家族連れのお父さんが言います。

「はじめて蕎麦《そば》をつくってみたんですけど、自分でつくったのって、また味が一段とおいしく感じましたね」

お母さんの意見。

「できたてって感じはすごくする」

子どもは、一言。

「おいしいー」

石臼から挽《ひ》いてつくる「蕎麦《そば》打ち体験」。いかがでしたか？　二〇〇〇年の秋は、朝夕の気温差もあり、おいしい「新蕎麦《そば》」にめぐまれた年でした。

「みちのく杜の湖畔公園」では、十月いっぱい、石臼での「蕎麦《そば》粉挽《ひ》きと蕎麦《そば》打ちが体験」ができます。地元の人が一緒になって教えてくれるので、気軽に本格的な蕎麦《そば》打ちを楽しめます。

アンのコメント

大学時代、長野県の農村に住んでいてそこで「蕎麦《そば》打ち名人」の八十二歳のおばあちゃんに蕎麦《そば》打ちを教わりました。難しかったんです、とっても。何回もチャレンジしてみましたが、失敗作の連続ばっかりで先生がつくった丸い満月のような形には、なかなか伸ばせなかったのです。それに、蕎麦《そば》を切ると、なんかフィットチーネパスタとか、きしめんのように太くなってしまったんです。

実はカナダでも蕎麦《そば》を栽培しています。そのおよそ九割は日本に輸出しています。数は少ないんですが、カナダでも蕎麦《そば》を食べている人はいます。しかし、料理の仕方は日本とは違います。例えば、カナダではホットケーキやパンみたいにして焼いたり、すいとんみたいにして食べたりしています。日本と同じなんですけど、カナダでも最近、蕎麦《そば》は健康食品として見直されていて人気が出ています。

蕎麦《そば》を通して感じるのは、時代によって社会の価値観とか食文化が、変化するものだということです。二十一世紀の蕎麦《そば》食文化はどういうふうに展開していくのでしょうか？　楽しみですね。

［二〇〇〇年十月二十一日（土）放送］

白石市「小原の寒クズづくり」

白石市の市街地から一二キロメートルほど山奥に入ったところに小原地区があります。温泉で有名な小原の山々には昔から良質のクズが繁殖しています。クズは野山の日当たりのいいところに生えている、つる性の落葉植物なんです。

小原地区寒葛《くず》生産組合組合長の**小室信利**さんは現在でも寒クズづくりをつづけている数少ない人のひとりです。一時は途絶えた寒クズづくりですが、平成九年に農村の活性化事業のひとつとして復活しました。

クズは、冬を越すために十二月から一月にかけて体中にたくさんのデンプンを貯えているんです。だから、小室さんも冬場にクズを掘り起こすのです。

山から採ってきクズは細かく切ります。根っ子といっても結構、太くてたくましいんですよ。

小室さんは、こう解説します。

「極端な話、白いどいいんだねー、切ったときに。大体はいいどご掘ってくるんだけれども」

さらに、小室さんによれば、

「米の値段よりいいっつうことで、(昔は) みんな、掘り方したような話だがら (みんなが掘りにいった)。ここ (小原) で米なんかっていったら山間地だからね、なかなか (採れない) ね」

ということです。


こうやって掘ってこられたクズは、もっと細かく粉砕機でつぶされ繊維状にされるんです。

「繊維がバラバラになってってから、水さ溶けるわけなんだね」

と小室さん。

こうして水に溶け出たデンプンは、樽のなかでゆっくりと沈殿《ちんでん》し、時間をかけて取り出されます。水を抜くと底のほうに白っぽいものが見えてきます。まだ、不純物が混じっていますが、これがデンプンの固まり――クズ粉です。

ろ過と沈澱を繰り返すこと数日、純度一〇〇パーセントの、まさに純白のクズ粉ができあがります。そして、これを陰干し、乾燥させて「小原の寒クズ」は完成です。およそ一か月、手間ひまかけてつくられます。

クズ粉は昔から、発汗や解熱などに効果があると言われ、よく用いられてきました。でも最近では、クズ粉を使った温麺も登場し、健康食品としても人気なんです。コシの強い麺と、独特のとろみがあんかけにぴったり！　そのほか、さまざまな「クズ料理」を地元のお店で食べることができます。

小室さんは、自慢します。

「おそらく日本では純粋な、ほんとの純度一〇〇パーセントのクズっていうのは少ないんでないがなあと思うんで。小原のやつはほんとの、クズ粉だけのクズなもんだから、お客さんに喜ばれるんだねー。それでやっぱり『いーや、小原な（クズ粉）はいいなあー』って言わっちゃときが一番、嬉しいねー」

一〇〇キログラムのクズの根から採れる「クズ粉」はわずか七キログラム。昔ながらの方法で手間ひまかけてつくられる「小原の寒クズ」には、つくり手のこだわりがこめられています。

きっと今年も立派なクズ粉ができあがることでしょう。

アンのコメント

自然の素材をうまく利用した寒クズづくりを見て、いざとなったときの力を感じます。

小室さんの姿を見て幼いころを思い出しました。開拓者であった父が自然に生えるものをどう利用するのか、いろいろ教えてくれました。例えば木の実やキノコ採り、そして罠づくりを教えてくれました。そういったものを食料や薬代わりに使ったりしました。当時、わたしは子どもだったので謎のお父さんだと思っていました。なんで父はこういうことにこんなに熱心なのか全然理解できなかったんですが、家を出て小室さんのような方と出会えたおかげで、父がわれわれに生活の知恵を伝えようとしていたことに少しずつ気づき始めています。

自然とともに生きる力を身につけている小室さんはすばらしいと思います。生活の知恵が生き生きとつぎの世代に受け継いでいけばいいと思いますね。

〔二〇〇一年一月二十日（土）放送〕

コンピュータを使った養液栽培!?

宮城県園芸試験場が開発した「宮城型簡易養液栽培システム」をご紹介します。

宮城は全国有数の米どころで、秋には黄金色の田んぼを見ることができ、一方、畑やビニールハウスなどで栽培される野菜や花、果物などの園芸も年々拡大しています。ハウスでの栽培は、気象の変動の影響を受けにくく、高品質で安定した収穫を可能にしますが、さらに「土」を使わない栽培方法もあるのです。

それは「養液栽培」というもので、土のかわりに「やしがら」などを使い、生育に必要な水分、栄養分を調整して均等に与える栽培方法です。耕したり除草したりという作業が省かれ、連作障害が少なく、一定の品質で収量の増加を図るものです。

角田市の**伊藤稔**さんのほ場では県のモデル事業として昨年九月から、この養液栽培システムを試験的に導入しています。一〇アールほどの面積でトマトを栽培しており、現在、収穫も始まっています。

このシステムの特徴は、

■低コストで始められる。

■培地にヤシ殻《がら》を使用し、使用後も畑などに転用可能。

■低価格の小型コンピュータで栽培養液管理ができる。

■農家の要求にあったプログラムに書き換えが容易。

コンピュータで栽培管理するといっても、人間の栽培技術が不要になるわけではありません。コンピュータが正確に働く反面、気候の変動を見ながら生育状況を把握し、システムを調整しなければならないのです。伊藤さんも毎日トマトに向かいあって確認しています。

伊藤さんが説明してくれます。

「今回やるにあたっては宮城園芸試験場の開発なんですね。それで、サポートを園芸試験場がしてくれる。園芸試験場が困ったことを相談にのってくれるということで、非常に心強く思っております。うちは実験ほ場で小さいほ場なんですけれども、このシステムであれば価格も比較的安いということもあって、汎用性もあるということで、小さい規模でも取り組める。多くの農家がたくさんの資金で取り組まなくても、気軽に取り組めるシステムだなって思っています。まあ、練習ではないんですけれども、今後、期待できる大きな技術だなって思っています」

ご紹介した養液栽培システム。はじめてお知りになった方も多いのではないでしょうか。コンピュータを導入し、高品質で安定した収穫をめざすこの養液栽培は、県が開発した低コストで簡単なシステムにより、今後普及していくことが期待されています。

県では生産者のみなさんとともに園芸を振興し、消費者ニーズをとらえた産地づくりに取り組んでいきます。

※お問いあわせ　県庁農業振興課　TEL022－211－2833

アンのコメント

日本の農業技術は世界の最先端をいっています。特に狭い土地で収量をあげる技術は本当に優れています。生産者と開発者が協力していけば、今後、宮城県の農業の発展が期待できます。楽しみですね。

[二〇〇一年二月二十四日(土)]

歌えや歌え　踊れや踊れ……

鹿島神社の「御前講」

宮城県古川市米倉にある鹿島神社では、毎年九月九日に「御前講」と呼ばれる例祭がおこなわれます。

「御前講」の当日は「当宿《とうやど》」といわれる祭りの主役の家に男性陣が集まります。しきたりで女性はいっさい参加してはならないため、男性が供物の調理をします。普段はめったに包丁を握らない男性も、慣れない手つきで献立の「雌のきじ」「アワビ」「かつお」「ダイコン」を調理していきます。

参加者は、こもごも語ります。

「神社の伝統ですからね。神妙な気持ちでやってますね」

「普段の料理とはまるっきり違って、緊張感があるんですね」

献立や調理方法は、文化十年（一八一三年）の祭具を納める長持ちに書き残されています。一時「雌のきじ」が手に入らないときに、「にわとり」を使ったことがありますが、現在まで忠実に守られてきています。

「当宿《とうやど》」と呼ばれる主役は、およそ七十年に一回しか回ってこない、とても名誉ある役目です。

その「当宿《とうやど》」の**佐藤実**さん曰く、

「まず、ご飯を焦がさないことですね。炭をおこすところから始めてご飯を炊いていますから」

供物ができあがると長持ちに納め、神社に運ばれます。米倉地区のおよそ七十人が五つの班に分かれ、毎年交代でひとつの班が「御前講」を司《つかさど》ります。

夜九時、供物を料紙で包み、塩まき、法螺貝《ほらがい》を先頭に社殿に向かいます。儀式は昔ながらの順序で進められていきますが、なかには今はおこなわれておらず、どのような儀式であったか不明のものもあります。

「御前講」は、昔、戦いの勝利を願っておこなわれていたそうですが、今は、豊作を祈っておこなわれています。

「陪膳の箸付の儀」は、「当宿《とうやど》」が「きじ」のすり身汁とご飯を食べます。神様と同じものを食べるのは、「当宿《とうやど》」が一年間神社に仕えることを意味します。

「堂実献の儀」では、参加した人をつぎつぎと胴あげします。これも詳しいことはわかっていませんが、人を俵に見立てて豊作を感謝しているのではと言われています。

「鬼祓《おにばら》いの儀」は、社殿をこぶしでたたき鳴らす儀式ですが、この由来もはっきりしたことは、わかっておらず、この地からわるい鬼を追い払っているのではと言われています。

最後は、神様に豊作を感謝して、参道に敷かれていたワラに火をつけて終わりとなります。来年の九月九日は、ぜひみなさんも「御前講」を見に来てください。

アンのコメント

約二百年間つづいている祭りはすごいですね。カナダでは二十年間でもすごいのに二百年は、「長い長い！」という感じがします。この「御前講」を見て、日本の農村社会の男たちの絆の強さをあらためて感じました。

カナダの農村では、男だけの祭りは正直言って聞いたことないんですが、農村社会の男同士の絆は日本と同じように強いんですね。考えてみれば、世界中の一次産業を支えている社会の男同士、女同士の絆は本当に強いんですね。そういう傾向があるとわたしは感じているんですけど。つぎの世代交代のときに、「御前講」の形態が変わるかどうかは非常に興味深いものですね。

七夕まつりのような華やかな祭りも、とってもいいんですが、「御前講」のようなほのぼのとした農村の伝統行事も、またいいと思うんです。つづけていって欲しいと思います。

［一九九九年九月二十五日（土）放送］

初体験！ アンの「裸参り」

賀茂《かも》神社の「どんと祭り」の「裸参り」——みなさんご存知ですよね。正月の松飾りやしめ縄などを焼く伝統の「どんと祭り」を！ そこなる裸参りを！

実は、東日本放送は開局以来「どんと祭り」に「裸参り」しているんです。とくに今年はアンが参加するという噂を聞きつけ、男性の参加者が増えたとか！

どうですアンさん、はじめて身につけた装束は？

「かっこいいじゃないですか。異文化の服装だから。ハロインじゃないんですけど、なんか楽しいというか……」

東日本放送から「賀茂《かも》神社」まではおよそ四キロメートル。この日の仙台の最高気温は一三・一度と四月上旬の陽気となりました。これもアンの日ごろのおこないがよいからでしょう。足並みも奇麗にそろい神社に向かうみなさん。

ところでアンは……と！　あっ！　いたいた。なにか余裕の表情ですね。あっ！　アン、笑っちゃだめですよ、笑っちゃ。神聖な行事なんですから真面目に歩いてくださいね。

道行く女の子もなにやら不思議な表情でこちらを見ていますね。冬なのになんで裸なのかしら、この人たち！　なんか恐いわ、わたし……とかなんとか思っているのでしょうね、きっと！

「裸参り」は、もともとは酒のシコミを迎えた杜氏《とうじ》たちが中心になっておこなっていた行事とされ、江戸中期には、すでにおこなわれていた記録が残っているそうです。最近は企業や団体単位で参加しています。

ようやく到着し、神殿まえでお参りです。みなさん、しっかりお願いしてくださいね。今年がいい年になりますように。

アンが感想を述べます。

「寒くなかったですね。(冷たいのは) 手先と足の先くらいですね。お腹に巻いたサラシはすごいですね。生活の知恵ですね。あったかいんですよ、すごく」

アンが「裸参り」に参加した男性に話しかけます。

「今日、参加してどうですか？」

「すがすがしい気持ちですよ」

「はじめてですか」

「はじめてです」

「どんと祭り」は、百三十年以上の歴史を持つ松おさめの行事です。境内に正月の松飾りやしめ縄、古いお札を持ちよって炊きあげ、無病息災や商売繁盛など新年の幸福をお祈りします。

アンが、こんどは女性に聞きます。

「今日の感想は？」

「すごく途中から寒くなってきて、足元がおぼつかなくなってきたんですけども、最後まで頑張れて参加してよかったと思います」

この日は参拝客が途切れることなく神社に訪れ、お祈りしていました。「どんと祭り」の「御神火」は、罪やけがれを焼き尽くすと言われています。つぎつぎと投げこまれる松飾りなどが、夜遅くまで夜空を焦がします。

みなさん、今年はいい年になりますように！

アンのコメント

みなさんは今年の「どんと祭り」に行きましたか？　「裸参り」は見ましたでしょうか？「どんと祭り」に参加するのは宮城県に来てから二回目です。去年は見ただけです。「裸参り」の第一印象――日本の摩訶《まか》不思議なもののひとつで、真冬に「裸参り」をする人たちのメンタリティーというか精神がよく理解できませんでした。

今年、「裸参り」に参加して感じたことがふたつあります。

ひとつは日本の寛大さというか、柔軟性と言ってもいいのかも知れません。宗教と関係ある行事にも関わらず、外国人のわたしでも参加できました。日本の神道では、自然を精神の中心において人間をみな同じように見るように思います。つまり、何人《なんびと》であろうが、みんな同じという考えですね。

ふたつ目は、みんなで共通のことを体験するよさを感じました。つまり、自分ひとりで発揮できる力には限界がありますが、力をあわせることによってより発揮できるものがあるような気がしました。「裸参り」だって、自分ひとりだけでは、きっと途中でギブアップというか、やめたと思います。今回三十六人の力を借りながら歩いたおかげで、最後まで成し遂げられたという気がします。

最後になりますけど、体験して肌で感じることは、なにより大切なことだとあらためて感じました。

［二〇〇〇年一月二十二日（土）放送］

石巻市「伝統を引き継いで」

巡礼が仏をたたえて唄う歌「御詠歌《ごえいか》」が聞こえてきていますが、これは、お寺の奥さんが地元の人に教えているものです。

小野崎美紀さんは、石巻市のお寺に嫁いで二十二年になります。地元の人からは、上品で働き者の奥さんと大評判なんですが……夜になるとガラリと変身してしまうんです！

ある日の夕方、地元の奥さん方がお寺に集まりだしました。

いったいなにがあるんでしょうか！　奥さんの変身と関係があるんでしょうか！

実は、みなさん「渡波母ちゃん太鼓」のメンバーなんです。バチを握り、真剣な表情で太鼓をたたく姿は迫力満点！

とくに、この日はアンが体験に来たということで、いつもより稽古に熱が入っています。あの上品な奥さんも、一心不乱に太鼓を叩いています。

お寺にある鳴物はなんでもアンに聞かせてあげようとばかりに、御住職がお経をあげながら、木魚や金の音を聞かせてくれました。

太鼓の音はうるさいわ、おつとめの時間でもないのにお経を唱えられるわ……御本尊もなにごとかと、さぞ驚いたことでしょう！

「伊達の塩」というオリジナル曲を聞かせてもらいました。始めは借りた太鼓を使っていましたが、今では自分たちの太鼓を持てるまでになり、さまざまなイベントで活躍しています。

「子どもたちは自分も（太鼓を）叩きたいみたいなんですけども、なかなか子どもたちに教えるまでは、わたし自身がなってないもんですから（教えられなくて）……いつかは子どもと一緒に（太鼓を）叩けるようになればもっといいなとは思っているんですけども」

とメンバーのひとり。

「いづれは親子で叩きたいなーって思います。今、子どもたちも保育園で太鼓やっているんで、親子でやれればなー」

と隣の奥さんも同意します。

将来は親子で太鼓を叩くのが夢というメンバーのみなさん。この日は子どもに教える予行練習をアンを相手にできてよかったんじゃありませんか。

いや！　これは失礼。

アンのコメント

母ちゃん太鼓を聞いて、また、体験して頭に浮かんだのは、日本の海の音です。さざ波から大波までを連想しました。耳だけではなく太鼓の音がお腹にも響いてきました。日本の太鼓の音は、自然の息吹を感じさせてくれます。

わたしは子どものころオーケストラでオーボエを習っていました。ですから決してリズム感がわるくはないと思っていました。しかし日本の太鼓の独特のリズムには、ちょっとずれたりして対応できませんでした。

わたしはこんな話を聞いたことがあります。町が健全に栄えているかどうかは、女性の顔、表情を見ればわかる。生き生きしている女性が多ければ多いほど、その町は栄えているということです。まさしく今日の「母ちゃん太鼓」のみなさんの顔はきらきら、生き生きしています。ほんとにビューティフルです。きっと彼女たちが、輝いている町をつくっているのでしょう。

［二〇〇〇年八月十二日（土）放送］

栗駒の「山車まつり」！

緑豊かな栗駒町の夏の風物詩「山車まつり」を紹介します。

七月二十九日、朝早くから、町の人たちは「**くりこま山車まつり**」の準備に追われていました。

「山車まつり」はもともと、江戸時代の伊達藩領内の農業に対する五穀豊穣《ごこくほうじょう》の祈願としておこなわれたのが始まりで、現在までに三百年もの歴史を誇ります。祭りは「**宵祭り**」「**本祭り**」と二日間にわたって盛大に開かれます。

「本祭り」では、十台の山車が子どもたちに引かれ町内を練り歩きます。一番の注目を集める「山車」、恥ずかしいものは出せないとばかりに、各地区では、最後の最後まで飾りつけなどに余念がありません。

すべての準備が整い、山車を全員で祭りのメイン会場に運びます。このあとが、また一苦労！　山車を展示するテントに入れなければならないんですが、大きさと重さのために、なかなか一筋縄ではいきません。

それでもどうにかこうにか山車をこわさず納めることができて、いよいよ祭りのスタートです。

栗駒町長の**三浦弘彰**さんは、この祭りを誇りに思っています。

「藩政時代から三百年もつづいた伝統の行事ですからね。それと、やはり出演する子どもたちも、これが一生の思い出になるし、たとえ栗駒を離れても郷土を思い出す、ふるさとを思い出すよしなになると思うんですよ。たいへん有意義なお祭りだと思います」

今年もすばらしい十台の「山車」が揃いました。それでは、おもなものを紹介します。

一区の**「葵　徳川三代・大阪夏の陣」**。

つづいて、**「風流　岩戸開きの場」**は、人形の動きが人々の目を引いていました。

五区の**「お神楽《かぐら》名場面　大蛇退治の場」**の山車は、栗駒高原駅に展示されていました。

五区実行委員の**中濱雄治**さんが解説してくれます。

「栗駒町の中野神楽《かぐら》っていう団体のですね、平成十年に宮城県の重要無形文化財に指定されまして、それをなんとかお祭りにしたいなとまえまえから思っていたんですけど、それでなんとか今年、ものになりました」

祭りセンターの舞台まえで子どもたちが、一斉に「おはやし演奏」をし、祭りムードを盛りあげます。

つづいて「**手踊りパレード**」。各地区の婦人会や地元の女子高生、一般参加者など三百五十人が参加して、華麗な舞を披露しました。

「宵祭り」しか見学できない観光客のために、今年は一台だけですが、山車巡行がおこなわれました。ライトアップされた山車の美しさに、観光客もとても感激した様子でした。

「埼玉県戸田市（から来ました）。感動しました。来年もぜひ孫でも連れてまた来ようかと……」

「今日は仙台市内から来ました。すばらしいです。こんなにすごいとは思わなかったです。はじめてのお祭りでした」

神輿の大乱舞では、いつまでも威勢のいいかけ声が町内に響きわたり、いっそう「祭り」

ムードを盛りあげていました。

例えば、秋田県の劇団「わらび座」の指導で、アレンジした「文字甚句」。体の動きによって、川の流れや山、鳥などを表現しています。商工会女性部と地元の女子中学生が披露してくれました。

来年の踊りの抱負を、もう今から語っている女の子がいます。

「来年はね、わたしたちの踊りはね、もっといろんなチーム編成して、もっと大きく、いろんな人を集めたいと思います」

「来年も踊りたいという声があるんですよね。百人、二百人目指して、雀踊りや、よさこいソーランまでいかなくとも、栗駒の五大文字を盛大に盛りあげたいと思います」

さあ、いよいよメインの山車巡行です。

江戸時代当時は「飾り山」として固定されていました。のちに人々の肩にかつがれ「かつぎ山」と称され、近代になって車に飾られ町内を練り歩く、現在の豪華な「山車まつり」となりました。

この日も、それぞれの地区を代表する豪華な山車十台を子どもたちが引いて、「ヤーレ、ヤーレ」とかけ声を出しながら、町内を練り歩きました。

子どもたちとその母親が、こもごも感想を述べます。

「太鼓とか、山車とか、いろいろ好きなんですけど。一番好きなのが大太鼓です」

「夜集まって、みんなで練習するのが楽しいです」

とふたりの子どもが言うと、その母親が、

「お祭りを通して、おはやしの練習などを仲よく、上の子が下の子に教えたりして、子どもたちの縦のつながりが大切にできてるなと思っているので、お祭りの練習っていうのはプラスになっているなと思っています」

と受けます。


「山車まつり」には、町内から老若男女が参加し、心の触れあいを深めるとともに、子どもたちに対しては、郷土の伝統を継承しながら、郷土の美しさを認識し、郷土愛を育んで欲しいという願いもこめています。

二日間にわたり、豊かな自然のなかで繰り広げられた素朴で人情にあふれた「山車まつり」も、最後を迎えました。

さきほどご登場いただいた五区実行委員の中濱さんが締めくくります。

「そうですね。今日もまたいい汗を流しました。それで、また今日から来年に向けて議題を考え構想を練り、みなさんの協力をお願いしながら、また一年励んでいこうと思っております」

山車巡行を無事なしとげた子どもたち。その顔は、昨日と違い、ちょっと大人っぽくなった感じがします。

最後の最後に栗駒町長の三浦さんのコメント。

「やっぱり、どこに出かけられても、あるいは遠く離れていても、胸の底には心のふるさとってというのがあると思うんです。その心のふるさとを思い出すよしなが、やはりこのお祭りであり、伝統行事だと思います」

わたしたちも一度、自分のふるさとに思いをはせてみませんか。きっと自分だけのふるさとが心に浮かびあがってくるはずです。

アンのコメント

お盆にふるさとに帰ってご先祖のお墓参りをしたり、地元のお祭りを楽しんできた人たちは多いことでしょう。

カナダには日本のような、お盆やお彼岸のときのような一斉にお墓参りをするというような慣習はありません。母によれば、昔はカナダやアメリカでも大家族だったころに、教会の帰りにみんなでお墓参りをしてきたそうです。しかし、核家族に変わるにつれ、だんだんとその慣習はなくなってきました。しかし、家のなかに亡くなった人の写真や愛用品を置いておいたり、心のなかでは、亡き人の面影は、つねに生きつづけているのです。

山車祭りにはいろいろな顔がありますね。女性、子どもたち、町の人全員が参加しているようなお祭りですね。このお祭りで一番感心したのは、だれもが心のなかにふるさとを持ちつづけていることです。だから、離れていようが、つねにふるさとは心のなかにあるはずです。

〔二〇〇〇年八月十九日（土）放送〕

北上町「神楽《かぐら》」を舞って

太鼓と笛の音が鳴り響くなか、真剣に踊りの稽古をしている若者がいます。彼が今踊っているのは日本の伝統芸能「神楽《かぐら》」です。「神楽《かぐら》」とは神社など神前で踊る舞楽のことで、その起源は平安時代といわれています。彼も伝統を受け継ぐひとりとして、こうして熱心に稽古に打ちこみます。

若者は北上町農業協同組合に勤めています。**佐藤浩**さん、二十五歳。勤務して七年目の佐藤さんは、農協の購買部で家畜の飼料販売を担当しています。「神楽《かぐら》」を華麗に舞うように仕事もテキパキとこなす佐藤さんは、ごく普通の真面目な若者です。

祭りの時期が近づくと「神楽《かぐら》」の稽古が地元の公民館でおこなわれます。佐藤さんも仕事を終えたあと、「神楽《かぐら》」の稽古に参加します。この日は、地元の中学生も参加しました。お母さんたちも手伝って、準備が進められています。

北上町に伝わる「神楽《かぐら》」は「**女川法印神楽《かぐら》**」というもので、保存会のメンバー十三人ほどでその伝統を守っています。佐藤さんもそのひとりです。そして毎年、春と秋になると地元はもちろん隣町など十五か所ほどで、「神楽《かぐら》」を神社に奉納します。

「**初矢**」という演目を練習で踊っています。これは「神楽《かぐら》」の基本とされるものです。中学生のころ、同じように「神楽《かぐら》」を習い始めた佐藤さんも、今ではみんなの手本になるまで上達しました。

「神楽《かぐら》」はひとつの演目を、およそ二十分から三十分かけて踊ります。厳粛ななかにも躍動感あふれる力強い踊りに、思わず見とれてしまい、時間の過ぎるのも忘れてしまいます。

十月二十五日に河北町長面で「神楽《かぐら》」の奉納がおこなわれました。もちろん、そこには佐藤さんたち「**女川法印神楽《かぐら》保存会**」のみなさんの姿もありました。この夜、全部で五つの演目が披露されたのですが、佐藤さんは、なんと一番最後の「おおとり」を任されているんです。出番をまえに緊張の面持ちの佐藤さん。

先輩からのアドバイスを受け、いよいよ出番です。今から踊る演目の見せ場は、「姫面」が化けてしまうところなんです。

佐藤さんは、どこまでもおおらかです。

「みんなに顔が知られてるっていうことが一番嬉しいですね。いっぱい人が来るし、そのなかで酔っぱらった人たちもいっぱいいて、まあ、それ全体がお祭りなんで、そういうのが楽しいんで、自分も踊って楽しいって感じですかね」

「女川法印神楽《かぐら》保存会」会長の今野三千雄さんの佐藤さん評。

「高校を卒業して今は(佐藤さんは)農協に就職してるんですが、非常に組合員の評判もいいし、一生懸命働いて、そして『神楽《かぐら》』も毎年一生懸命練習してるというふうで、『神楽《かぐら》』を習ったせいでそうなったのかなと、わたしはそう思ってますけどね」

小さいころから目の当たりにしてきた「神楽《かぐら》」。その魅力に取りつかれその技術を受け継いだ少年は、今では立派に成長しました。そして伝統を守る者から伝える者へと成熟した彼は、これからも力強く踊りつづけていくことでしょう。

アンのコメント

北上町——随分盛りあがったようですね。外国からの留学生にとっての日本を理解するための定番メニューは、生け花、文楽、歌舞伎のようなものを見たり体験したりすることです。自分も全部ひととおり学習してみました。入口は見ましたが、日本をわかったという気分には、なりませんでした。そこで日本の農村や漁村社会研究をし始めて、さまざまな日本の文化体験をトライしてみました。そのなかのひとつが「神楽《かぐら》」でした。そのとき、はじめて日本文化がわたしの心をギュウッとつかみました。もう完全にはまってしまいました。自分の性格でしょうが、なぜ「神楽《かぐら》」が好きかと言うと単純に言えば人間くささがそこにあるからです。

［二〇〇〇年十一月四日（土）放送］

花山村「花月人形劇」

花山村に伝わる「指人形芝居」の紹介です。

花山村の教育委員会に勤めている**狩野文秋**さんは、毎日三回、村の小学校や幼稚園の子どもたちをスクールバスで送迎しています。

そんな子どもたちも家に帰った夜七時。

なにやら村の男たちがひとり、またひとりと集まってきました。

狩野さんの家に人数が揃ったと思うやいなや、手際よくなにかの準備を始めました。そして、狩野さんたちは、村に伝わる「指人形芝居」の練習を始めました。

人形は衣装から小物まで、すべて手づくりで、とても個性的な顔をしています。箱のなかに眠っているその数は、ゆうに五十体。

この人形たちが踊る指人形芝居は「花月人形劇」といって村の無形民族文化財に指定されています。踊りも唄もとっても賑《にぎ》やかで村の祭りや、めでたい席で披露されるんです。

「花月人形劇」は昭和三十三年、村がダムの底に沈むまでは盛んに演じられていました。しかし、ダムの完成とともに集落が分散して、いったんは途絶えてしまったのです。

それから二十年ほど経った昭和五十年ごろ。狩野さんの父、**秋男**さんが仲間数人で復活させ、村にふたたび賑《にぎ》やかなお囃子《はやし》が戻ってきました。秋男さんは現在、体調を崩して練習には参加していませんが　座員十一人、息子の文秋さんを中心に活動をおこなっています。

狩野さんとの絶妙なコンビネーションがおりなす、「舞」——みんなでおたがいにアドバイスをしながら練習していくんですよ。

座員のひとりが熱っぽく語ります。

「たまたま狩野さんの家のおじいさんが、人形芝居をやっているというのがあったもんですから、じゃあ、なんとか自分たちも（人形芝居を）やって伝統を後世に残していきたいなと思ったんです。それで、みんなでやってみようかということになったんです。でも、手取り足取り教えてくれる人がいないもんで、本当に自分たちも見よう見まねなんですよね。地元の子どもたちも今、これを見たことない子どもたちが、いっぱいいるもんですから、やっぱり、みんなびっくりするわけですよね。『ワァーすごいいいんだなー』って。ひとりでもふたりでも興味を持っていただければいいのかな、と思っていますけどね」

狩野さんが補足説明をします。

「みんなと一緒にワイワイ騒いで覚えていくっていうのが一番楽しいですね。年齢も近い人たちばっかりですんで、おたがいに好きなことを言いながら覚えていくっていうのがいいですね。なんの場面でもいいんですけども、（芝居の）終わりじゃなくて途中で拍手をもらえるような芝居を演じてみたいですね」

アンのコメント

「指人形芝居」を見て思わず自分の子どものころを思い出しました。父の実家は牧場なんですが、そこへ毎年、手伝いに行きました。テレビのような娯楽のないところだったので、夜になると時間はたくさんありました。そこで自分で遊びをつくらなければならなかったのです。その遊びのおかげで、考えてみれば昼間のつらい農作業を乗りきることができたんじゃないかなと思います。

都会に住めば、娯楽はたくさんあって自ら求めなくてもいいんです。しかし、都会を離れれば、自分たちで楽しみを見つけなければなりません。つねにクリエイティブであることが求められます。その意味では花山村の男性たちもすばらしいクリエイターたちですね。

〔二〇〇〇年十二月二日（土）放送〕

雄勝町　浜の奇祭「おめつき」

雄勝町名振地区は人口二百人あまり、過疎が進む小さな漁村です。しかし、毎年一月二十四日になると、ある祭りで村じゅうが活気に満ちあふれます。今日は、その、年一回のお祭りの日。

江戸時代、集落に大火があったことから、火伏せの神を集落の東西両端に祭って、子宝、大漁、家内安全を祈願したのが、この祭りの始まりとされています。第二次大戦中も休まずつづけられてきたこのお祭りは、集落の男衆しか参加できない、ちょっと珍しいお祭りなんですよ。

力強い太鼓が鳴り響き出しました。男衆は御神酒で身を浄め、いよいよ祭りは始まります。

名振地区は東、中《なか》、西、小浜《こばま》と四つの組に分かれており子どもたちの山車を先頭に、東から小浜へと狭い集落のなかを練り歩いてゆくのです。

そして、途中の家々で止まっては、「**獅子舞**」を踊り家内安全を祈ります。村の外からも大勢の見物客が来るので、踊りにも、いちだんと拍車がかかります。

でも、どこが珍しいお祭りなのかって？　お待たせしました。ここからが、この祭りの面白いところなんです。山車は途中「休宿《やすみどころ》」という四つの組の民家の庭先で「**即興劇**」を演じるのです。

その昔、御神酒で勢いづいた若者たちが、その場の思いつきで演じたことから、この祭りを「おめつき」と言うようになったと言われています。当日まで出し物は秘密で、小道具や駄洒落で見物客の笑いを誘います。

四組の「休宿《やすみどころ》」を山車が駆け巡ります。あたりかまわず、山車は暴れ、男衆は勢いづきます。御神酒も入り、次第に男衆の山車は激しさを増していきます。

「これが終わんないと、お正月も終わんないですよ。まあ、無邪気にバカをやるっていうか発散して、バァーっとみんなでやるっていうのが一番いいんじゃないですか。ここは過疎化が進んでいるから、その兆候は祭りに随分と出てきてるんだけども、若い人が戻ってきたときに楽しめるような祭りにしていかなければ『んまぐない』がなーって思いますね」

と**五島徳美**さん。

「即興劇」では男性器を模した御神体を使い「過疎の進む村が子宝に恵まれるよう」に祈ったり、新しい年が豊かであるよう祈ったりと、見物客も巻きこみながら「休宿《やすみどころ》」は笑いの渦と化していきます。

村から離れた若者も一月二十四日になると名振に戻ってきます。幼いころから見てきた「おめつき」が名振を離れても、人々の心にいつまでも残っているのです。

村の若者が、しみじみと語ります。

「自分もここに住んでいないひとりなんですけども、自分自ら率先してこういうお祭りに参加して、若い人たちに戻ってきて欲しいなって思いますけども……。まあ、昔ながらの伝統的な、ちょっと変わったお祭りなんで、なくさないようにしていきたいなと思いますけれども」

雄勝町名振地区には、海とともに生きるたくましい男衆がいます。そんな男衆が脈々とつづけてきた「おめつき」。毎年一月二十四日、小さな漁村は笑いと熱気で賑《にぎ》わいます。

アンのコメント

ここ五年間、漁村社会の研究をしてきました。漁村へ行って感心したのは、漁師たちはふたつの「時」で動いているということです。つまり、「海タイム」と「陸タイム」。「海タイム」は魚のサイクルにあわせたもので、深夜、早朝問わず漁に出かけます。逆に「陸タイム」は、人間のサイクルにあわせたもので、この時間にあわせて、漁師たちは、わたしたちの食卓に新鮮な魚を届けてくれます。

ところで、みなさんは「板一枚の下は地獄」という漁師たちの言葉を聞いたことありますか。わたし流の解釈に過ぎないんですが、海の上には陸のような補償がなく、命がけの仕事です。そういった漁師たちは息抜きに、みんなでお酒を飲んで、バァーっとギューっと盛りあがります。見てて思ったんですけど、どんな職業の人間でも、たまに頭をからっぽにして、生き生きと遊ぶのもいいですね。

［二〇〇〇年一二月二日（土）放送］

山と海と森と沼と温泉と……自然まるかじり

栗駒山「夏山開き」！

宮城県、秋田県、岩手県にまたがる栗駒山（標高一六二七・七メートル）の「夏山開き」が一九九九年五月二十三日におこなわれました。


当日は、朝から快晴で絶好の登山日和となりました。

この日は四つのルートから、約千人が山頂を目指しました。

アンも初心者・ファミリー向けの中央コースに挑戦。このコースは、山頂まで約三キロメートルのコースで、途中まで石畳になっています。

途中で足をとめ、雄大な景色をながめながら、アンが感想を述べます。

「山のほうから下の世界を見ると、人間っていう存在が、どれほど小さいのかを実感しますね。ほんとに人間は小さいですね。自然と比べたら……」

今年は例年になく残雪が多く、雪を踏みしめて歩く場所が数か所あります。その雪解け水を口に含んで、

「おいしい。日本の水道の水は、カルキが強過ぎてあまり好きではないんですが、この水はとてもおいしい」

とアン。

山頂での山開きでは「五穀豊穣《ごこくほうじょう》」「経済発展」「天下泰平」を祈って、御幣《ごへい》が納められました。栗駒山の山頂からは三六〇度見わたせ、鳥海山、蔵王連峰、月山などが望まれる大展望地になっています。登頂した人たちは疲れも忘れ、眺望を楽しんでいました。

アンのコメント

栗駒山の空気と水は、とてもおいしかったです。

善意で石畳をつくったのでしょうが、正直言ってわたし個人としては、あんまり気持ちがよくなかったんですね。かえって石畳の上を歩くのが歩きづらかったんです。この石畳があるのは、ファミリコースだけなんですが、子ども連れの方とかお年寄りの方は石畳のほうが歩きやすいのかも知れないんですが、わたしは自然は自然のままが一番だと思うんです。

やっと上まで登ったんですが、本当に豪華なすばらしい自然の世界だったんです。ところが、足元を見ていたらかなり古いゴミがあちこちにあって、ちょっと気になりました。自然を満喫してそれに対して汚して帰るということは、人間のむなしいエゴのような気がしてならないんです。

〔一九九九年六月五日（土）放送〕

まるごと「奥松島」

「奥松島」は松島湾最大の島で、宮古島から野蒜海岸までの一帯を指します。日本三大渓のひとつ「嵯峨渓」や松島四大観のひとつ「大高森」などの優れた自然景観があります。

「奥松島」には日本で最大級の里浜貝塚が発見されており、今も畑などで多くの貝殻《がら》や土器の破片が見つかることがあります。

「奥松島縄文村歴史資料館」の常設展示では、宮古島の豊かな自然とともに生きた縄文人の生活の様子を、マルチスライドなどでわかりやすく紹介しています。展示テーマは、衣・食・技・装・祈の五つに分かれています。

一九九九年の企画展**「縄文から弥生へ」**では、大阪平野の最後の縄文集落長原遺跡と弥生時代中期の瓜生堂《うるりゅうどう》遺跡、東の四千年間つづいた縄文集落「里浜貝塚」と弥生中期の中在家南《なかざいけみなみ》遺跡を通して、道具に見られる生活の違いを見せました。

一九九九年の募集はすでに締め切ったんですが、「縄文村」では、昔の生活が体験できる**「縄文教室」**を毎年夏に開催しています。

一体どんな生活をしていたのか、アンがチャレンジしました。

「縄文村」の會田容弘さんの指導のもと、アンは火起こしに挑戦です。なかなかうまくいきません。ちょっと煙りが出ても火が点くまでにはいたりません。

残念ながら「火起こし」は失敗。以外と不器用なアンでした。

そこで、會田さんが別の提案をします。

「今度はさっきつくった石器で魚のうろこや内臓を取って料理しましょう」

「どうしたらいいんですか？」

「胸の骨を避けてこんなふうに（と器用に石器を使ってやってみせる）腹を裂きます」

「縄文人もこうして内臓を取っていたんですか？」

「レシピが残っていないのでわかりません」（笑）

「じゃ、どういうものを食べていたかはわかるけど、どういうふうにして食べたのかは、わからない」

「まったくとは言えないけれど……骨が焦げていれば焼いて食べたということはわかる」

「魚はあと、こうやって焼くだけですか？　味つけはしなかったんですか？」

「ここの縄文人たちは、三千年まえに塩づくりを始めているんです。海水を煮詰めて塩をつくっている。ここにわたしが実験的につくった塩がありますから」

その貴重な塩を魚にまぶして、あとは焼けるのを待つだけ。縄文人は現代人よりもおいしいものを食べていたりしたのかも？

焼けた魚を、さっそくアンは、「いただきます。おいしいですね」とほおばります。

つづいて浜辺にやって来たアン。なにかに興味を引かれたようです。

車の上に舟が乗っています。

「こんにちは」

と挨拶するアンに、答えたのは、東武志さん。

「こんにちは」

「これなんですか？」

「シーカヤックといって、海で乗る舟です」

「カヌーみたいだけど、海で乗るものですね。わたしも乗せてもらっていいですか」

「どうぞ、どうぞ」

東さんのふたり乗りシーカヤックのまえに乗せてもらって海に漕ぎ出します。

アンが聞きます。

「パドルはどこまで持ってくればいいんですか？」

「一番まえまで、一番手を伸ばしてそれでそのまま下におろしてください。そう」

スイスイ進むシーカヤック。

アンの感想。

「カヤックのなかにいると本当に海の世界が見えてくるんですね」

「見えてくるでしょ」

と東さん。

——それにしてもアン、「自然をまるかじり」して気持ちよさそうです。

これを読んでシーカヤックを始めたいと思ったあなた。

シーカヤックにもルールがあります。ダム湖ではまえもって電力会社などに確認してください。漁港では漁船の迷惑になるような場所は避けてください。釣り人とのトラブルを起こさないようにマナーを守ってください。

アンの宿泊場所は、「**宮城県松島野外活動センター**」。

そして夕食は、本邦初公開、アンの手料理です。

「だいたいできあがりました。インドふうのヨーグルトをベースにしたマリネと、食用油にハーブ・牛肉など入っているもの。そのほかいろんな野菜があります。これからシシカバブをつくるんですが、シシカバブはもともとギリシアとかトルコとか、あの辺の料理なんですが、カナダふうにやると、もう好きなものを刺せばいいということですね。わたしはマッシュルームが好き。そのつぎになにを刺そうかな」

アンの手料理は「カナダふうシシカバブ」でした。ソースに肉を漬けこんで、あとは好きなものを串に刺して焼いて食べるだけ。まさに豪快、カナダそのもの。

アン、一口食べて、

「んー、合格かな。で、カナダのビール、おいしい」

翌朝、アンは感動、感激の「**嵯峨渓**」遊覧船の旅です。カモメがいっぱい寄ってきます。餌をやるアンの顔が楽しそう。

嵯峨渓は松島湾の女性的な景観とは対照的で、男性的なパノラマを見ることができます。

まだまだ「奥松島」には楽しめる場所があります。

この日は雨で残念ながら体験できなかったんですが、「**奥松島乗馬クラブ**」では、初心者には親切丁寧に指導します。また経験者は、広い馬場で思いっきり馬を走らせることができます。

またウオッチング＆ウオーキングでは、自然を感じながら、マイペースでウオーキングができます。

観察デッキからは、野鳥や水辺の生き物たちを間近に見ることができます。

どうですかみなさん、夏休みは、心ゆくまで絶景を満喫できて、歴史やスポーツ、芸術にも触れられるリラックス・ロード「奥松島」へおでかけください。

＊問いあわせ先　「奥松島縄文村」TEL0225－88－3927■「県松島野外センター」　TEL0225－88－2337

■「嵯峨渓遊覧船案内所」TEL0225－88－3997■「奥松島乗馬クラブ」TEL0225－88－3893

アンのコメント

「奥松島」へ行って、自分の子どものころを思い出しました。

毎年キャンプに出かけました。自然を楽しみながら家族全員で会話が楽しめて……キャンプに連れていってもらったのが、どれほど貴重な体験だったのか、今になってはじめてわかってきたんです。本当に親に感謝しています。

その意味では「奥松島」は、家族に推薦できる場のひとつです。自然、歴史をたっぷり味わえるところのひとつだと思います。

夏休みになると海外に出かける家族づれも少なくないと思うんですが、もちろんそれはそれでいいと思うんですが、自分のふるさと宮城県のいろんなすばらしいところを回ってみるといいんじゃないかなと思います。

〔一九九九年七月三十一日（土）放送〕

「宮城県蔵王少年自然の家」

季節は秋。家族で郊外に足を延ばし大自然のなかで読書、芸術、食欲の秋を楽しむのもよし、ボーとしているのも野生にかえるのもよし、とキャンプの魅力は計りしれません。

秋になるとキャンプを楽しむ子どもたちの声で連日賑《にぎ》わっているのが**「宮城県蔵王少年自然の家」（TEL0224―34―2101）**です。小学校のときに、ここでキャンプを体験したお父さん、お母さんも多いんじゃないですか。子どもたちは、それぞれ班に分かれてお米をといだり、野菜を刻んだりと晩ご飯の準備で大忙しです。ところで、ここの施設は子どもしか利用できないと思っている人もいるんですが、そんなことはないんです。

「蔵王少年自然の家」**佐々木知明**さんが、そのへんの誤解を解いてくれます。

「小学校の合宿訓練だけと思われている方もいらっしゃいますが、小中学生を含む親子づれであれば結構です。ここは蔵王のふもとで本当に自然がいっぱい。冬になるとスキー場のゴンドラ関係も使えますし、ここがゲレンデになり自由に使えます。歩くスキー、アルペンスキーほか、なんでもできますので、どうぞ県民のみなさん、家族連れでご利用ください。また、全国でもめずらしく温泉つきと言うことですので疲れた体をゆっくり温泉で休めてください」

「宮城県蔵王少年自然の家」

冬になると「蔵王少年自然の家」の周辺はスキー場に大変身。どこでもスキーを楽しむことができます。施設内にある自慢の天然風呂は大きくたっぷりとした浴槽。キャンプの準備やスキーの汗をこちらで流してください。心身ともリラックスできます。

「蔵王少年自然の家」の宿泊は、宿泊棟、山小屋、常設テントとなっており、テントを持ちこんで張ることはできません。設備が整っている場所でキャンプをするには問題はないんですが、実はキャンプを甘く考えていると、たいへんな目に遇う場合もあります。そこでキャンプ歴二十年という仙台市立大和小学校の**松本慎二**先生にキャンプで最低限、気をつける点をうかがいました。

■テントを張る場所■

テントを張るには平たい場所を見つけて設営するようにしましょう。傾斜地は危険なばかりでなく、安眠できない原因にもなります。今年は痛ましい川の事故がありました。河原やましてや中州、それからガケの下などの場所は絶対避けるようにしてください。

■キャンプに必要なもの　持っていったらいいもの■

雨具——これはかならずお持ちください。山の天気はたいへん変わりやすいので、子どもさんや大人の場合でもかならずひとり一着持っていくのが望ましいのです。

水筒——水分を補給するためにかならず必要です。ペットボトルなどで代用することもできますが、口のしっかりした専用のものを選ぶとよいです。

熊除けの鈴――山に入った場合に熊などから身を守るために、自分はここにいるという存在を示すために必要なものです。

携帯食品――携行用の食料としてわたしは乾燥貝柱のようなものを持っていきます。空腹感を満たすにはたいへんよろしいと思います。軽いということがいいです。

ヘッドランプ――夕暮れになるとたいへん暗くなるので、ヘッドランプを使って安全なアウトドアライフを過ごせるように気をつけています。

トランジスターラジオ――量販店などでたいへん安く売っています。ひとつ持っていくとよいのではないでしょうか。

バンソウコウ――すり傷、切り傷などの応急処置に役立てることができます。

■キノコ狩りの注意点■

これからキノコ狩りの季節になります。キノコ狩りの際によく遭難者が出ますね。遭難の第一原因は下ばかり見ているということにあるようです。腰をかがめて収穫物を見つけてしまうと、どうしてもキノコのあるほう、あるほうへと動いてしまいますね。そして自分がいる場所を見失ってしまう。そういう事故が跡を断たないようです。そのようなときは、木の年輪、風の向き、川の位置、雲の流れなど、いろいろなものを総合的に判断して自分のいる場所を確認してください。

ここで「蔵王少年自然の家」周辺のおもな施設を紹介します。

■自然に恵まれたみやぎ蔵王の名産品を扱っている「**JAみやぎ仙南特産品直売センター**」（TEL0224−34−3181）。店内には蔵王で採れた新鮮な野菜や果物のほかに素材の旨味を生かしてひとつひとつ丁寧に漬けこんだ昔ながらの漬物やコンニャクなど、豊かな自然に育まれた蔵王のふるさとの味がいっぱいです。

■遠刈田温泉の公衆浴場「**センターの湯**」（TEL0224−34−1990）は、夜の十時四十五分まで営業していますので観光で夜遅くなっても十分に間にあいます。入浴料は大人二百五十円、子どもは百円となっています。ぜひ、旅の疲れを癒《いや》してから家路におつきください。

■「**えぼし渓流釣堀**」（TEL0224−34−3364）は、二時間千五百円でニジマスが釣り放題です。餌の持ちこみも自由ですので、あとはあなたの腕次第。釣り竿のレンタルや餌の販売もしていますので家族で手ぶらで行ってすぐに釣りを楽しむことができます。

秋はまだまだこれからです。これから芋煮会やキャンプを計画しているみなさん、マナーや事故には、くれぐれも気をつけて楽しい思い出をいっぱいつくってください。

アンのコメント

子どものころから自分が体験してきたキャンプを振り返ってみました。万華鏡のようにいろいろなキャンプのエピソードが頭のなかでくるくる、くるくると回っています。両親がキャンプや旅が大好きで子どものころは、いろいろな地域を回りながらキャンプをしました。できるだけ予定を立てないで、その日その日の気分によって目的地に向かってキャンプをしました。とても楽しかった。いろいろなキャンプの体験をしましたが、ふたつのことがとくに印象に残っています。

ひとつ目は小学校一年生のときの生まれてはじめての長い旅です。カナダのふるさとを出発して、二か月かけてアメリカの中西部のまんなかを一直線に通ってメキシコまで行きました。当時のメキシコには、キャンプ施設は、ほとんどありませんでした。だから大自然のなかでキャンプをしました。サボテンのなかでキャンプをしたことが、とくに楽しかったです。あのときの旅は闇のなかの冒険のようなものでした。旅を振り返って見ると、メキシコのキャンプのおかげで先進国に生まれ育ったわたしが、どれほど恵まれているのかを漠然と肌で感じました。

ふたつ目の印象に残っている旅は小学校五、六年生のときの話なのですが、北ヨーロッパ、北欧をヨーロッパに二年間住みながらあちこちキャンプしたことです。ヨーロッパはキャンプの歴史が長いので施設がものすごく整っていました。ヨーロッパで感心したところは、できるだけ自然に触らないで自然をそのまま生かした施設があることです。本当にすごいです。自分の旅の話ばかりして申し訳なかったです。

［一九九九年十月九日（土）放送］

みやぎ山麓遊＆湯スタンプラリー　前編

色麻町にある「かっぱのゆ」は、飲料水用の井戸を掘っていたところ突然温泉が湧き出し、平成四年にオープンしました。

「心の内側から温まる山里のいで湯」として大評判となり、平成九年の四月に大型の日帰り温泉施設としてリニューアル。ますます人気を集めています。男湯と女湯が日替わりで交換され、工夫のほどこされたさまざまな浴室が楽しめます。

とくに女性に大人気なのが、「**エステバス**」です。ジェット噴流がくまなく、あなたの全身をマッサージしてくれます。良質の温泉と人情あふれるおもてなしに、あなたものんびりゆったりとつかってみてはいかがですか。

コリやハリ、イライラに悩まされている方には、入浴後のマッサージをお勧めします。心のこもった手もみマッサージが日ごろの疲れを癒《いや》してくれます。

色麻町企画商工課竹荒弘さんのおすすめどころ。

「これからの季節は寒くなってきますので、日替わりでいろいろな温泉浴が楽しめます。平沢交流センター『かっぱのゆ』へぜひともお越しください。お待ち申しあげております」

※「かっぱのゆ」　TEL0229－65－4505■泉質／単純温泉低張性弱アルカリ性高温泉■効能／神経痛五十肩慢性消化器病ほか■マッサージ―二十分千八百円四十分三千五百円

「みやぎ山麓遊＆湯スタンプラリー」は、加盟している施設でスタンプラリーの台紙をもらい、スタンプをもらうだけで参加できます。ラリーを達成すると、その場ですばらしい景品がもらえます。

つづいて紹介するのは、ゆったりとした時を心ゆくまで味わえる小野田町の「やくらい薬師の湯」です。

男女それぞれ百人が一度に入浴できる広い浴場で、打たせ湯、バブルバス、サウナなど多彩なお風呂を楽しめます。湯船のなかで、手足を思いっきり伸ばせることは、ちょっとした幸せかも知れません。

「薬師の湯」一番のおすすめは、澄みわたった空気のなか、解放感をいっぱいに感じながら四季折々の景色を満喫できる露天風呂です。

※「やくらい薬師の湯」　TEL0229－67－3388■泉質／ナトリウ塩化物泉高張性中性高温泉■効能／慢性皮膚病運動麻痺・打ち身ほか

「**やくらい土産センター**」は、「やくらい薬師の湯」に隣接しています。地元で採れた新鮮な野菜や山菜などを安く販売しています。買い物をしてから温泉に入るのもよし、温泉に入ってから買い物をするのもよし、たいへんに満足できるお店です。ぜひこちらにも足をお運びください。

お母さん方が「土産センター」で買い物をしているあいだ、お父さん方は小野田町の食材にこだわったレストラン「**ぶな林**」で過ごしたらいかがでしょうか。こちらでは時間をじっくりとかけ、香りを十分に引き出した、バイツェン・デュンケル・ピルスナーの三種類の地ビールを楽しめます。

また、地元の酒米「蔵の華」を使用した季節限定のスペシャルビールもあります。芳醇な香りとすばらしい喉越しを味わえます。季節限定で量に限りがありますので、興味のある方はお早めにお越しください。

「陶芸体験」などを楽しめる宮崎町の「ゆーらんど」。大浴場はガラス張りで季節を感じながら、ゆったりした気分で入浴できます。

「ゆーらんど」では、男女別の浴室のほかに、水着を着用して男女が一緒に入浴できる「ゆールーム」があります。一緒に入浴できるとあって、カップルや家族連れに好評です。プール気分も味わえる「ゆールーム」、みなさんも一度体験してみてはどうですか。

「ゆーらんど」は、館内にも宿泊施設は整っているんですが、家族や友達同士の旅行には、コテージの利用をお勧めします。和風棟が三棟、洋風棟が二棟用意されています。バス・トイレはもちろん、寝具や台所用品、食器類まで取りそろえてあります。あなたの好きなライフスタイルで「ゆーらんど」を楽しむことができます。

陶芸の里宮崎振興公社代表取締役門真守二さんが将来のビジョンを語ります。

「冬になったら子どもたちが、雪だるまやかまくらをつくって、そのなかでろうそくをともして遊ぶというような、お金をかけず、手づくりの楽しみ方ができる施設にもっていきたいなあと」

※「ゆーらんど」　TEL0229—69—6600

■泉質／ナトリウム・カルシウム塩化物泉■効能／虚弱児童関節痛・打ち身ほか

ここで「みやぎ山麓遊＆湯スタンプラリー」に加盟している温泉施設をご紹介します。

■川崎町の「やすらぎの郷」（TEL0224—84—6008）は、木造の大小浴場、露天風呂が用意され、ゆったりとした気分で心身を癒《いや》していただくことができます。

■「**ハイルザーム栗駒**」（TEL0228－43－4100）には、大小ふたつの内風呂と露天風呂があります。またラベンダーやミントなどのハーブを使った「香りの湯」も楽しめます。

■鳴子町の「**早稲田桟敷湯**」（TEL0229－83－4751）は、ちょうど温泉街の中心に位置しており、入浴のあとは、散歩がてら温泉街や町の観光スポットをお楽しみください。

■「**金成延年閣**」（TEL0228－42－1121）は、ゆったりと温泉の湯船にひたりながら、栗駒山との対話を楽しめる現代のオアシスです。

■四方を山に囲まれ、自然の懐に抱かれた「**温湯山荘**」（TEL0228－56－2040）。すぐ隣には、江戸期の史跡・寒湯御番所跡があります。

■鳴子町の「**滝乃湯**」（TEL0229－82－2026）も加盟しています。

＊以上、いずれも一九九九年のデータです。

アンのコメント

気持ちよさそうでしたね。

カナダでは山のほうにひなびた温泉がパラパラとありますが、温度は日本より低くて、水着で入る人たちがおもなんです。カナダには、温泉はあっても日本のような温泉文化はまったくないんです。正直言って高校時代、はじめて日本の温泉に入ったときに、なにかちょっと戸惑ったりして、当時はあんまり馴染まないままでカナダに帰りました。

二度目の留学のときに、長野県の農村塾で日本の農村のフィールドワークをしました。そのときの冬、フィールドワークの一環として、塾の先生のアドバイスで、東北の温泉の旅に出かけました。健康ランドのような温泉場から、山のなかでちらちらと雪が降るようなひなびた温泉の露天風呂まで入りました。あのときに日本の温泉のタイプに幅があることに感心しました。本当にいろんなタイプがあるんですね、日本では。

東北の温泉の旅で印象深かったのは、湯治をする人との出会いでした。いろんな話を聞かせてもらって、彼らのおかげで温泉文化の深みを味わうことができたような気がします。

温泉は単なるお湯につかることではなくて、人と人との絆のベースでもあるような気がするんです。これは言い過ぎかも知れませんが、温泉の力は本当に強いんですよね、人と人とのあいだで。旅のはじめのときは温泉を知らず、多少緊張していましたが、だんだん楽しみを覚えてきて、人と人の絆ができて、ストレスも解消して、リラクゼーションもできて、日本の温泉に勝るものはないと思うようになりました。

［一九九九年十二月十八日（土）放送］

みやぎ山麓遊&湯スタンプラリー　後編

……まだまだいい温泉があります。

はじめに紹介するのは、「蔵王町老人憩いの家・黄金川温泉白鳥荘」です。白鳥荘は、お年寄りの心身の健康と福祉向上をはかるため、温泉ボーリングをやって昭和五十九年三月一日にオープンしました。

名前が示すとおり、地元はもちろん、ほかの市町村のお年寄りの憩いの場として毎日賑《にぎ》わっています。今の時期は近くの民宿に泊り、農作業の疲れを取るために湯治に来ているお客さんもいます。

温泉は神経痛・筋肉痛・疲労回復をはじめ、多くの効能があります。地元の人と語りあいながら、湯船にゆったりと手足を伸ばしていると、心身ともにリラックスできますよ！

そうそう名前が「老人憩いの家」だからといっても、年齢制限はありませんので、若い人もどんどんいらしてください。

「朝から夕方五時まで、毎日来る人は二十〜三十人はいますね。そしてみんなまったく家族同様の友達になっていますので」

と「黄金川温泉白鳥荘」所長の長岡功さん。

温泉につかったあとは、カラオケで盛りあがりましょう。白鳥荘には四十二畳と五十四畳もの広いステージつきの集会室がふたつあります。友達や家族でおしゃべりを楽しむのもよし、歌うのもよし、ダンスを楽しむのもよし！　利用の仕方はあなた次第です。

お客さんたちの感想。

「毎日来てるんですよ。朝は八時にここに来て夕方五時半に帰るんです。同じ蔵王町ですから自分の車で」「ここに来ると、体でもなんでも軽くなるもの」

※「黄金川温泉白鳥荘」TEL0224－32－3960■泉質／ナトリウム塩化物泉など張性中性高温泉■効能／神経痛・筋肉痛・疲労回復・慢性皮膚病ほか

つづいては、「**スパッシュランドしろいし**」をご紹介します。年中夏気分！　楽しさいっぱい！　ドキドキパラダイスです。豊富な自然と温泉資源を利用したスパリゾート。くつろぎとリフレッシュを贅沢に楽しめるプールと温泉をミックスした新しいタイプの温泉施設です。

一階にある岩風呂からは白石川が一望でき、四季折々の自然を楽しむことができます。温泉は透明で無味、無臭、効能は動脈硬化症・やけど・切り傷などとなっています。

温泉につかったあとは、トレーニングマシーンで自分の目指す体型・体力づくりにチャレンジしてみてはいかがですか！　エアロビクスやシェイプアップ体操の教室も開催しています。

たまには童心にかえってこちらはいかがでしょうか。全長四〇・三メートルのウォータースライダーです。五メートルの高さから、水とともに滑り落ちるダイナミックな滑り台。そのスリリングな豪快さは、子どもも大人もドキドキワクワク間違いなし。

また日本水泳連盟公認の五〇メートルのプールもあります。ダイエットや健康維持のアクアビック教室や、本格的に水泳を始めたい人のために、スイミング教室も開催しています。

家族やカップルに人気なのがバーデゾーンです。水着着用で男女混浴型のこのゾーンには、ジャグジーや打たせ湯、サウナなど数多くのお風呂があり、どれから入るか迷ってしまうほどです。

「スパッシュランドしろいし」の**柴崎文夫**さんのおすすめは?

「一番楽しめるのは、家族単位で来て、おじいさんおばあちゃんが岩風呂。若い方、お父さんお母さんはプールを利用して、それから温泉を使った水着着用のバーデゾーンを利用すると非常におもしろく楽しめるかも知れませんね」

※**「スパッシュランドしろいし」TEL0224－29－2326■泉質／ナトリウム、カルシウム――硫酸塩泉低張性弱アルカリ性高温泉■効能／動脈硬化症・やけど・切り傷ほか**

つぎは一九九九年十二月十八日(土)にオープンした「**みやぎ蔵王白石スキー場**」です。

実はこちらのスキー場は全国的にも珍しいのですが、NPO団体が運営しています。ファミリーゲレンデとして親しまれてきた白石スキー場の運営が問題になった今年の春、蔵王の自然を愛する人たちが集まって特定非営利活動法人「**不忘アザレア**」を結成しました。白石スキー場の運営受託が組織活動の大きな柱となっており、オープンまえはゲレンデの整備やリフトの点検に余念がありませんでした。

一九九九年のシーズンはペアリフトを新設し、ロッジを改修して新装オープンしました。また、設計中のセンターハウスは、二〇〇〇年にオープン。蔵王を思う熱い気持ちは、だれにも負けないメンバーが運営している「白石スキー場」。ぜひ、みなさん足を運んでみてください。

「みやぎ蔵王白石スキー場」理事**木村孝**さんが抱負を語ります。

「県内にあるような豪華で、なんでもありますという施設を目指しても難しいと思うんで、やっぱり快適さと安全を最優先に、少しでもみなさんと一緒にいいスキー場にしていきたいと思っております」

それではこのほかの加盟しているスキー場を紹介します。

■「**七ヶ宿スキー場**」（**TEL0224－37－3111**）は、冬は初心者から上級者まで楽しめるスノーゲレンデ、夏には芝の上を滑るグラススキーやマウンテンボードなど一年中楽しめます。

■川崎町の「**セント・メリースキー場**」（**TEL0224－84－5880**）は、山形自動車道笹谷I・C

を降りたらすぐにゲレンデというアクセス抜群のスキー場です。スキーヤーのニーズに応え時間券を導入、コンビニ型スキー場として人気があります。

■小野田町の「やくらいファミリースキー場」（TEL0229－67－7272）は、その名のとおりファミリー向けに最適なスキー場です。お子様でも安心して遊べる、とてもファミリーなゲレンデです。

■蔵王町の「えぼしスキー場」（TEL0224－34－4001）

■「すみかわスノーパーク」（TEL0224－87－2610）

■栗駒町の「駒の湯スキー場」（TEL0228－45－2111）

■鳴子町の「鳴子スキー場」（TEL0229－83－4321）

■「上野々スキー場」（TEL0229－83－2723）

■「リゾートパークオニコウベスキー場」（TEL0229－86－2111）も加盟しています。

「前編」の「スタンプラリー」加盟の温泉も紹介しましょう。

■川崎町「やすらぎの郷」（TEL0224－84－6008）

■小野田町「やくらい薬師の湯」（TEL0229－67－3388）

■宮崎町「ゆーらんど」（TEL0229－69－6600）

■色麻町「かっぱのゆ」（TEL0229－65－4505）

■鳴子町「滝の湯」（TEL0229－82－2026）
■「早稲田桟敷湯」（TEL0229－83－4751）
■栗駒町「ハイルザーム栗駒」（TEL0228－43－4100）
■金成町「金成延年閣」（TEL0228－42－1121）
■花山村「花山温泉温湯山荘」（TEL0228－56－2040）
がスタンプラリーに加盟しています。

スタンプラリーでは、たくさんの人たちが参加できるように四つのコースを用意しています。ご自分にあったコースをお選びください。ラリーを達成したときには、その場でオリジナルタオルや千円分の補助券がもらえるほか、三月には抽選で、一年間有効の温泉施設フリーパス券が当たります。どんどんみなさんもご参加ください。

＊このラリー情報は一九九九年度のものです。最新の情報は電話でお問いあわせください。

アンのコメント

カナダ人というと、スキーができると思われる方が多いと思いますが、実はスキーができないカナダ人もたくさんいます。わたしもそのひとりです。ふるさとは平原で山が近くになかったので、ノルディックスキー——歩くスキーはできますが、山で滑るスキーはできないんです。二回、山のスキーに挑戦したことがあります。一回目は小学校のときです。二回目は十七年まえに、日本ではじめてのクリスマスを過ごしたときでした。わたしの場合は滑るというよりも転びながら降りました。よく転びましたが、みんなとワイワイやったので、とっても楽しかったです。

文化の異なる土地でクリスマスを過ごすのは、とてもさみしいと西洋人はよく言いますが、ふるさとにいようが外国で過ごそうが、あまり関係ないと思います。愛する人たちと一緒に過ごすことが、なにより大切じゃないかと当時感じました。

［一九九九年十二月二十五日（土）放送］

「伊豆沼」——ガンの飛び立ちと自然

ガンや白鳥など渡り鳥の越冬地として知られる伊豆沼。夜明けとともに一斉に飛び立つガンの群れは、訪れた人たちに言い知れぬ感動を与えてくれます。壮大なガンの飛び立ち——羽音、鳴き声のすばらしさ！

「伊豆沼」には一九九九年十二月十五日現在、約二万千五百羽のガンが来ています。

アン独白。

「子どものころを思い出しました。非常になつかしい。わたしのふるさとではカナダグース——カナダのガチョウが渡り鳥として渡ってくるので、それを思い出しました。同じような風景ですね」

「伊豆沼・内沼」は、北海道釧路湿原についで、一九八五年に国内二番目の「ラムサール条約」に登録された湿地です。この条約は、湿原に生息・成育する動植物、とくに国境を越えて移動する水鳥を中心に、国際的に保護・保全して、それらの生息地である湿地の「賢明な利用」（ワイズユース）を促進することを目的としています。

冬になると、約六万羽のガンが日本へ飛来してきますが、そのうち六割以上のガンが「伊豆沼」で冬を過ごします。「伊豆沼」はもっとも寒いときでも、沼の全面が氷で覆われることがなく、そして、周辺に餌場となる広大な水田があるなど、環境的にもガンが安心して冬を過ごせる条件が整っています。

環境庁の国設鳥獣保護区管理員の**笠原啓一**さん——もう三十年以上も「伊豆沼・内沼」で鳥の観察と自然保護に務めてきました。

アンが水田にいるガンをながめながら笠原さんに聞きます。

「今から鳥はなにをしますか？」

「やっぱり人間と同じく食事をしなけりゃならない。この田んぼで食べているのもいるんです。今朝マイナスでかなり寒かったですから、暖かくなるのを待ってます。体を温める、太陽の光でね。それから遠くのほうへ山を越えて、自分の好きな場所へ行って餌を食べる。稲を刈ったあとの落ち穂とかワラとか、あくまで植物を食べます」

「田んぼに害はないんですか？」

「食べて糞《ふん》をするということは、(植物を) 肥料に変えていくと思うんですけれども」

「そうすると循環になるんですね。化学肥料を減らすということにも。鳥がいることは、いいことですね」

「いいことですね」


別の場所で、笠原さんが白鳥の数を数えています。

「四十五羽、ここにいますわ」

と笠原さん。

「こんなに少しの時間で数えられるんですね。すごい！　長年の経験で……」

とアン、感心。

笠原さんは、双眼鏡で白鳥の数を数えながら、病気の鳥がいないかどうかも見ています。

「伊豆沼・内沼」も生活排水の流入により水質の悪化が進み、また土砂や浮遊物の流入などにより底が浅くなってきていて、環境保全が重要な課題となっています。そのため宮城県では、水質浄化に動き始め、なおかつ白鳥の好物のマコモを植栽しています。

笠原さんは、沼の風景や水鳥の美しさに魅かれ、三十年以上も写真を撮っています。どれもこれもすばらしい写真で、絵葉書にもなっています。

白鳥やガンなどの野鳥類の生態を一目で見ることができる「**宮城県伊豆沼・内沼サンクチュアリセンター**」にも行ってみました。観察展望台は、沼の全容が見わたせバードウオッチングに最適です。望遠鏡で鳥たちの生態や表情をクローズアップで見ることができます。

テーマ展示室は「伊豆沼・内沼」の自然環境や歴史、環境保全活動などの四つのテーマからなり、沼の生い立ちから鳥たちの紹介までをジオラマやパソコンなどによって、わかりやすく解説しています。

いろいろな鳥の剥製《はくせい》も見ることができます。まさに「サンクチュアリセンター」は「伊豆沼・内沼」の豊かな自然に触れることができる野鳥と植物のライブラリーです。みなさんも、ぜひお越しください。

国内に残された数少ない自然の宝庫「伊豆沼・内沼」。渡り鳥を守るには「子育てをする場所」「渡りの際の休憩場所」「越冬する場所」などが必要です。

「伊豆沼・内沼」が、いつまでも渡り鳥の楽園でありつづけるために、そして、かけがえのない自然として後世に引き継ぐために、美しく貴重なわたしたちの自然環境を守っていきましょう。

※宮城県伊豆沼・内沼サンクチュアリセンター　TEL0228―33―2216

アンのコメント

美しいですね。(テレビ放送のときに)鳥が飛び立つショットのあとでわたしが感想を述べましたが、実はあのとき、自然に圧倒されて言葉が出なかったのです。自然に勝る言葉というか表現はないように思いました。

本音を言えば一番感動したのは、飛び立つまえの一瞬の羽の音でした。そして何万羽が、限られたエリアで飛び立つのに、ぶつからないのもやっぱり不思議でしたね。動物のアンテナというか本能はすごいものだなあと、あらためて感じました。

笠原さんもまたすごい人物だと思いました。笠原さんはシャイで、多くを語らない人なんですが、鳥との会話は印象深かったんです。わたしが鳥に近づこうとすると、鳥が嫌がってサッサッサッと逃げてしまいました。笠原さんの場合は、わたしと対照的でした。鳥と幼なじみのような関係があって、説明しづらいんですが、両方に落ち着いたほのぼのとした信頼関係があるように思いました。笠原さんは貴重なことを語ってくれました。人間が自分中心で動くのではなくて、まず、鳥の周辺で静かに観察すること。で、彼らの世界を理解し、そこではじめて彼らの世界に入ることができるのですと、教えてくれました。
二十一世紀、自然との共生は、われわれ人類にとって大きな課題のひとつです。笠原さんのような方が増えれば、本物の共生ができるというか、(自然に)近づくことができるのではないかと思います。

[二〇〇〇年一月八日(土)放送]

「蔵王野鳥の森自然観察センター(ことりはうす)」

蔵王連峰には多くの野鳥たちが、すばらしい自然環境のなかで生息しています。高原の春は、バードウオッチングに最適です。

さわやかな風が吹くブナ林を静かに歩いてみると、コマドリをはじめ、いろいろな鳥のさえずりを聞くことができます。カワラヒワは、冬は群れをなして河原や農耕地などでも見られ、草の種などを食べます。公園や人家の庭などでもよく見られる、ヒヨドリもいます。コゲラは、スズメよりも若干大きい、小さなキツツキ類です。ギィーという声を出しながら枝から枝へと行動している姿を見ることができます。シジュウカラは全国的に見ることができ市街地の木々でも見られます。

二〇〇〇年四月末、「**蔵王野鳥の森自然観察センター（ことりはうす）**」主催の自然教室「**野鳥のくらしを知ろう**」（観察会は年六回）が開催されました。今回のテーマは「野鳥の巣づくり」の観察です。野鳥の巣づくりの観察を通して野鳥に親しみを感じ普通の鳥が普通にいることの大切さを実感させることを目的としています。

この日は小中学生六人、大人四人が参加しました。

どんな発見ができるか楽しみですね！

おや、トビの巣があります。餌を探しにいっているのでしょうか？　残念ながら姿は見えません。

……野鳥観察のポイントは、野鳥の止まりやすい場所を探すことです。野鳥は水平で見晴しのよい場所に止まります。はじめは見つけられなくても、回数を重ねるうちに慣れてきて、自然に野鳥のほうに目がいくようになります。

また、服装は野鳥が警戒するような、赤、黄、白、など目立つ色はさけてください。

木の上から色の違ういくつもの毛糸がぶらさがっていました。なんのためか、わかりますか？　実はこれ、鳥にも好きな色があるかどうかを調査しているんです。巣づくりの際に、一番減った色が、鳥が好きな色なのでは、という考えからです。七月には結果が出るそうです。

まだ、調査のしかけはあります。例えば、フントラップ。この上に、落ちてきた虫や鳥のフンで、どんな鳥がどんな虫を食べているのかなどの生態系の調査をするんです。「ことりはうす」のみなさんも、いろいろと考えますね。

変化に富んだ蔵王の山々は自然の宝庫であり、無数の動物や植物が住む「家」です。蔵王の堂々とした巨木がそびえ立つブナ林には、野鳥の餌になる植物や昆虫が多く、繁殖に適した下草なども多いため、鳥たちの楽園となっています。そろそろ繁殖の時期で、鳥たちの動きも活発になってきています。さて、今日の巣箱の観察では、変化が見られるのでしょうか？

……残念ながら、巣箱に変化は見られませんでしたが、それでも参加者は、充実した自然に触れることができ、満足そうでした。

参加者の感想。

「今日は巣づくりの様子は観察できなかったんですけど、ほかに葉づくろいしているハイタカの姿が見られたりとか、夏鳥の鳴き声が聞こえたりしたので、とても楽しかったです」

「今日は野鳥の声がいろいろ聞けたのでよかったと思います」

「普段の生活のなかでは、なかなか自然に触れあうということができませんので、こういうところに来てほんの小さな虫とかを見たり、今日みたいに鳥のさえずりを聞いたりするっててのは、なかなかできないことなので、子どもたちにとってもいい経験ではないかなと思います」

所長の伊勢脩さんのお話も聞きました。

「こういう野外活動の目的というのは、体を鍛えるというのもありますけども、まず自然観察をする、想像力を高めるとか、そういうようなただ単に汗を出して山を走り回るということだけじゃなくて、少し変わった視点で自然を見てもらうことにより、野外活動というのは効果的なものになるんじゃないかな、と思っているんですよね。思いやりとか、いわゆる協調性や、自主性とか責任感なんかも、野外活動のなかで養われていくんじゃないかなと思っています」

「蔵王野鳥の森自然観察センター（ことりはうす）」は、野鳥の生態をさまざまな角度から紹介することによって、自然の成り立ちや生命の大切さを学ぶとともに、自然観察に対する理解をいっそう深めてもらう施設です。

夏の蔵王の模型もあります。いろいろな鳥の鳴き声を聞くことができます。コマドリ・カッコウ・ウグイスなどの鳴き声が聞こえます。

また、いろいろな鳥の剥製《はくせい》も展示してあります。

コウノトリはかつて日本各地に広く生息していましたが、狩猟により、数が激減してしまいました。保護活動がおこなわれましたが、水田に使われた農薬のため、減少をつづけ、野生のものは、ほとんど絶滅しました。現在は兵庫県でごく少数が飼育されているだけです。

二階の野外観察室では、餌箱に寄ってくる数多くの野鳥の様子を観察することができます。野鳥が安心して暮らしていける環境は、ほかの生き物たちはもちろん、わたしたち人間にとっても安心できる環境なのです。

緑豊かな自然に恵まれた宮城県。野鳥たちが美しくさえずるすばらしい自然を永遠に残していきたい！　そう思わずには、いられない緑豊かな自然は、わたしたちの誇りであり、豊かさをあらためて実感させてくれます。

＊「ことりはうす」■休館日毎週月曜（休日を除く）および休日の翌日■開館午前九時～午後四時三十分■TEL0224－34－1882

アンのコメント

みなさんはバードウオッチングに興味がありますか？

わたしの育ったカナダの家の裏には、たくさんの木があって、秋になると一斉に実をつけます。いろんな野鳥がやって来てそれを食べます。家族全員で鳥を観察したりして秋を楽しんでいました。

最近の思い出は、キューバでのバードウオッチングです。キューバというと、みなさんはどういうイメージを持つかわかりませんが、カリブ海の南の島です。キューバは自然が豊かで、鳥はベリー・カラフル！　色がとっても鮮やかで、きれいです。バードウオッチングを案内してくれたキューバ人のガイドさんが、これまた印象深い方でした。なぜならば彼は鳥と会話ができたんです。ほんと、カッコよかった彼は。で、なんか、彼が呼ぶと森からつぎからつぎへと、どんどんどんどん鳥が飛んでくるんです。彼のおかげで、南国の鳥と出会えて一生の思い出ができました。キューバへ行って自然保護への姿勢というか、方針に感動しました。堅い塀のなかで自然保護をするというより、バリアフリー――自然体で自然と共生している印象を受けました。自然と共生の第一歩は、自然とつねに触れあうことが大切だと思います。そういう身近な場を提供してくれているのは「ことりはうす」です。ぜひ、お出かけください。

〔二〇〇〇年五月六日（土）放送〕

「岩沼海浜緑地」「加瀬沼公園」

わたしたちの身近にある公園や緑地は、生活に潤《うるお》いをもたらすだけでなく騒音などの緩和に役立ち、災害時には避難所として利用できるなど、都市施設として重要な役割を担っています。

宮城県では多くの県民のみなさんにご利用いただける、大規模な公園緑地の整備に取り組んでいます。
新しくリニューアルしたふたつの公園をご紹介します。

まず、「**岩沼海浜緑地**」。

仙台空港から南へ一キロメートルのところにある「岩沼海浜緑地」は、県南のレクリエーション拠点として整備が進められています。海のすぐそばにある北ブロックは、広大な敷地にさまざまなスポーツ施設が整備されています。こちらの展望台から広場全体を一望できます。

テニスコートは全部で十面あり、カップルやグループはもちろん、トーナメント大会も開催できる広さです。このほか、きれいに整備された野球場など、スポーツを楽しむのには最適な環境です。

芝生を敷きつめた緑いっぱいの多目的広場や芝生広場では、子どもから大人まで一緒になって楽しめるさまざまな大型の遊具があります。

「ここは遊具もありますし、やっぱり広いところがいいですね。あと、やっぱ、この空気がいいっていうのがありますね。海のそばでですね。それが一番いいですね」

と利用者のひとり。

北ブロックに加え、二〇〇〇年五月に南ブロックが新たに開設されました。貞山《ていざん》運河沿いに整備された南ブロックは、炊事棟や芝生の広場があり、家族や仲間でバーベキューなどを楽しむこともできます。

なお、バーベキュー広場の利用には、申しこみが必要です。ご利用の際には、左記までお問いあわせください。

＊問いあわせ先　岩沼海浜緑地管理棟 TEL0223－29－2777

スポーツ施設を中心とした北ブロックに対し、南ブロックは休養を目的とした、リフレッシュゾーンとなっています。みなさんも心地よい潮風を感じながら、のんびり過ごしてみてはいかがでしょうか。

＊岩沼海浜緑地（入場無料）■開園　八時～十八時（～九月末）　～十七時（十月～）
■休園日　毎週火曜日（祝日の場合は翌日）

つぎに塩竈市、多賀城市、利府町にまたがる加瀬沼を中心とした「加瀬沼公園」を紹介します。

広々とした原っぱや芝生の広場があり、ピクニックには最適です。春の花見や秋の芋煮会などでも賑《にぎ》わいます。

この「加瀬沼公園」には、車椅子の子どもや視覚に障害を持った子どもたちも一緒に遊べる大型遊具ができました。この遊具には手すりやスロープがついており、障害のある子どももない子どもも、ともに助けあいながら楽しく遊べるよう工夫されています。

「まえには来たことあるんですけど、遊具がなってから（新設されてから）は、わたしははじめてで、このまえ主人と子どもが三人で来て、楽しかったって言うんで、また来てみたんです」

と公園で子どもを遊ばせていた母親も満足そうです。

そばにいたもうひとりの利用者も、

「小さい子どもでも安心して遊べるような、そういう遊具がいっぱいあるんで、それであと、家から近いんで、気軽に寄れるということで来ました」

と言っていました。

大型遊具のほかにも、健康づくりのための遊具やアスレチック遊具なども新たに設置されました。

ますます楽しくなった「加瀬沼公園」にみなさんもぜひお出かけください。

＊「加瀬沼公園」は年中開園

ここでご紹介した緑地や公園のほかにも、わたしたちのまわりにはさまざまな公園があります。これからの季節、それぞれお気に入りの公園、広場など、自分だけの空間を見つけてみるのも面白いかもしれませんね。

アンのコメント

I Love Parks. ――公園に遊びに行きたくなりました。

子どものころからカナダにいるときは、ほとんど毎日、公園に行きました。マイナス三〇度の冬の日でも。一日一回、外の空気を吸って体を動かして、思いきって遊ぶという家庭教育は今になって、はじめて贅沢なものと気づきました。

わたしは習慣で今でもよく公園に足を運びます。そこに来ている子どもたちと遊んだり、ベンチに座っておいしい空気を吸ったりします。どの公園にも、いろいろな魅力があります。時間があれば、ぜひ近くの公園までお出かけになってはいかがですか？　子どもから大人まで楽しめるスポットです。

〔二〇〇〇年七月一日(土)放送〕

栗駒散策！

標高一六二七・七メートル、宮城・岩手・秋田の三県にまたがる栗駒山は円錐《えんすい》状の裾野を持つコニーデ型の休火山です。東北地方のほぼ中央に位置し、山頂からは月山、鳥海山、蔵王連峰、駒ヶ岳、早池峰山《はやちねざん》、そして遠く太平洋までが一望できるほどの絶景地です。山頂付近には百五十種に及ぶ高山植物が群生し、見事な景観のお花畑がひらけています。

また、山麓にはブナの原生林、湿原、渓谷、雪渓など貴重な自然が手つかずのまま残され野鳥や動物など、数多くの生き物がそこに生息しています。春は新緑、夏は登山やキャンプ、秋は紅葉、冬はスキー。そして、一年を通じて楽しめる温泉も人気があります。

栗駒山の麓にある「**ハイルザーム栗駒**」では、四季折々の栗駒の大自然を満喫できます。宿泊施設だけでなく、大浴場や露天風呂、温泉プール、アリーナと、心も体もリフレッシュできる健康保養施設です。

設備の紹介をしましょう。

■**温泉**――「ハイルザーム栗駒」の天然温泉は「ナトリウム―炭酸水素塩・塩化物・硫黄塩泉／低張性弱アルカリ性高温泉」の泉質を持ち、とくに、火傷・切り傷などに効能があります。

町のけん騒から離れ、栗駒の大パノラマをながめながらゆったりと過ごすひとときは、なににもまして贅沢な時間ではないでしょうか。

■**温泉プール**――広いお風呂につかると、ついつい泳いでしまうあなたや、温泉だけじゃ物足りないというあなた！　森のなかの温泉プールでひと味違った温泉アトラクションを楽しんでみませんか。こちらの温泉プールは、その名のとおり「温泉」のお湯を使ったプールです。流水プールをはじめ、マッサージ効果のあるシャワーやジェット水流など、腰痛や、足腰のリハビリにも適しています。そのほか、横になってゆったりとくつろげる、リクライニングブローではサンサンと輝く太陽と、まぶしい新緑を横目に、時間を忘れ眠ってしまう気持ちよさです。温泉プールは、いろいろなアトラクションやサウナで、楽しみながら健康になれる空間です。泳いで健康！　つかって健康！　と、利用者の方も一度だけでなく二度、三度やって来るリピーターの方が多いそうです。

とにかく、評判がいいのです。

「やっぱりいいなあーと思って来てるんですよ。（温泉プールに入って）自分の足もよくなってきているしさ。だから今日も年寄りたちを誘ってね、来たんですよ」

■**アリーナ**――体力測定や各種体力トレーニング機器があり、健康相談コーナーでアドバイスを受けながら、自分にあった体力づくりができます。日ごろ、運動をする機会が少ないわたしたちにとって、自分の体力を知ったうえで、運動をすることは大切です。夏本番！暑くなり、夏バテに負けないように体力づくりで、爽《さわ》やかな汗をかいてみませんか。

■**コテージ**――「ハイルザーム栗駒」のすぐ横にあるプライベート別荘「**コテージぶなの森**」は大自然のなかで、いろいろな過ごし方が楽しめる自炊宿泊施設となっております。

小鳥のさえずりを聞きながら、ぼんやりと窓の外をながめれば、そこには「**国定公園栗駒山**」の大自然が広がり、さまざまな動物や自然の表情がうかがえます。時間を忘れて一日を過ごせるなんて、なんと贅沢なんでしょう。グループで、家族で、はたまたカップルで思い思いの時間を過ごしてみてはいかがでしょうか。

ゆったりと温泉につかり、毎日の疲れを癒《いや》すのもよし、温泉プールやアリーナで日ごろの運動不足を解消するのもよし！　自然に囲まれた「ハイルザーム栗駒」ではみなさんのお越しをお待ちしております。

宿泊や施設の利用に関しては、以下のようになっています。詳しくは「ハイルザーム栗駒」までお問いあわせください。

＊コテージ■料金　平日（五人まで）二万円／休み前日（五人まで）二万五千円■コテージ宿泊者は「ハイルザーム栗駒」の施設（プール・温泉・アリーナ）の利用が無料！

＊ハイルザーム栗駒■宿泊（一拍二食つき）ひとり　九千円～■施設の利用時間　平日　午前十時～午後四時（休み前日午前十時～午後六時■お問いあわせ　TEL0228－43－4100

見事なブナの原生林が広がっています。

栗駒山東南に広がる稀大ヶ原《きたいがはら》は「長い歴史がつくりあげた遺産」と絶賛されています。人間の手がまったく加えられていないブナの原生林は植物だけでなく、多くの動物、鳥類、昆虫の生息の場所です。

かつて、栗駒山の標高二五〇メートルの山麓から、一一〇〇メートルの山腹にかけての広い地域では見事なブナ林が見られましたが、伐採などにより減少しました。栗駒の動植物や湿原を守るブナ林——いつまでも後世に残していきたいものです。

ブナの原生林のトンネルを抜けるとそこは別世界——「世界谷地原生花園《かえん》」です。

ミズバショウやワタスゲ、ニッコウキスゲなどの高山植物が群生する湿原が広がります。「世界谷地原生花園《かえん》」は大小八つの湿原からなり栗駒山の中腹一帯に広がっています。六〇ヘクタールもの細長い形をした湿原は、まさに高山植物の宝庫です。

この「世界谷地」という名前の由来は、言い伝えで残っています。その昔、栗駒山は信仰の山として、たくさんの行者が修行にやって来ました。その行者が、三千世界または、来世の極楽のようにきれいな花が咲く谷地を「世界谷地」と呼んだことから、そう呼ばれるようになったと言われています。

深さ一・三メートルの泥炭層の上にミズゴケ類が厚い層となって覆い、ニッコウキスゲやワタスゲ、キンコウカ、ミズバショウ、などの群落が五月下旬ごろから七月上旬ごろまで咲き乱れます。

＊世界谷地花ごよみ（見ごろ時期）■五月上旬　水芭蕉・コバイケソウ■六月上中旬　ワタスゲ・チゴユリ■六月下旬　ニッコウキスゲ・ミツガシワ■七月上旬〜　サワラン・トキソウ■七月中旬　サワギキョウ・ミズギク■七月下旬　キンコウカ■湿原の花の見ごろは六月から七月いっぱいということです。

「世界谷地」には湿原の自然を多くの人々に理解してもらうために、遊歩道・木道が設けられています。スニーカーのままでも気軽に自然散策を楽しむことができます。

散策客たちの感想。

「ここまで来るのにだいぶ疲れましたけどね、ほんとに自然がいっぱい残ってて、いいところです」

「二週間まえにも来たんですけども、ワタスゲとか少し終わりかけてたんですけども、でも、天気もちょうど梅雨のなかでよくて、気持ちいい一日でした」

このすばらしい自然を、多くの方に知ってもらい、貴重なブナ林や湿原の大切さを理解していただくことは、とても重要なことです。しかし、近年の観光客の増加にともない栗駒山の登山道を中心に、踏みつけなどによる植物の損傷や衰退を原因とした土砂の流出が生じ、山々のところどころで、植物の生えない裸の土地が増加するようになりました。

宮城県では、この問題を重要な課題と考え、平成五年度から学識経験者を中心に原因の究明や対策方法の検討を重ねてきました。今年度は、これまでの検討結果を踏まえて、栗駒山の雪田植生群落と「世界谷地」の保全のために、さまざまな調査を実施し、来年度以降の本格的な復元・保全工事を進めていく予定です。

一度壊れた自然を復元するには、非常に大きな労力と長い時間がかかります。宮城県ではボランティアの方々のご協力も得ながら、貴重な自然を保全していこうと考えています。

今日ご紹介した栗駒の自然は、四季を通じてわたしたちにさまざまな表情を見せてくれます。自然との共存を保ちつつ、この美しい自然をいつまでも楽しみたいものです。

アンのコメント

ニッコウキスゲは素敵な花だと思いませんか。爽《さわ》やかで清楚《せいそ》な花だと思います。

実はわたしは去年（一九九九年）から環境庁の客員研究員として、地球温暖化などに関する研究をしています。毎日世界中の学者の論文を山ほど読んでいます。しかし、今日の「栗駒高原」の自然の風景を見て反省しています。机の上で自然の大事さをわたしは語れるかも知れませんが、最近、自然のなかに入って対話していませんので、肌で感じる自然の大事さがわからなくなってしまったのではないかということです。頭や言葉だけでは、貴重な自然は保全できません。やはり、なにより大切なのは、自然の空気を吸って、体じゅうに自然のエキスを流すことだと思います。

「栗駒高原」のような、かけがえのない自然が、こんなに身近にあるっていうのは、ほんとに宮城県民のみなさんは恵まれていると思います。

［二〇〇〇年七月二十九日（土）放送］

ふたたび感動の「伊豆沼」――渡り鳥の飛び立ち

ガンや白鳥など渡り鳥の越冬地として知られる「伊豆沼」は、まえにも紹介しましたが、二〇〇〇年末も、たくさんの鳥たちがやって来ました。今回は、毎年、鳥たちを見守り「伊豆沼」とともに生きてきたある老人たちをご紹介します。

早朝五時。ひとりの老人がどこかへ出かけて行きました。

老人は「**迫町白鳥ガン愛護会**」のメンバーのひとりです。実はこの日、会のみなさんは渡り鳥たちの様子を見に「**伊豆沼**」にやって来たのです。

（まえにも書いたように）冬になると、六万羽近いガンが日本へ飛来してきますが、そのうち六割以上のガンが「伊豆沼」で冬を過ごします。二〇〇〇年十二月一日現在、「伊豆沼」周辺には、ガン類、およそ三万羽。白鳥やカモなど、およそ四千四百五十羽が越冬にやってきます。

朝日がまぶしくなってきました。まもなく鳥たちは目覚めます。夜明けとともに一斉に飛び立つガンの群れは、見る人に、言葉にならないほどの感動を与えてくれます。

千葉県から訪れた人たちの感想。

「すごく久しぶりに来て、今、ガンの飛び立ちを見て感激しています」

「とてもきれいでしたね。家の近くには東京湾があるんでカモが、かなりいるんですけども、でもこういう一斉に飛び立つ雄大な風景っていうのは、ここ（伊豆沼）じゃないと見られないなと思いました」

雄大な景色に魅せられ、日本全国から愛鳥家や写真家が訪れるのも、ここ「伊豆沼」では珍しくはないことなのです。

「今朝のガンの飛び立ちとかにも、ひとつの魅力があるわけですね。あと、エサをあげたり、給餌をすれば、白鳥とかがどんどん寄ってきてね、白鳥となにか対話ができるような、そういう魅力もあるわけですね」

と語るのは「迫町白鳥ガン愛護会」会長の千葉正良さん。

会のメンバーのひとりが、この言葉を受けてつづけます。

「ガンの数が増えてきているということですね。ですから、よそにあまりガンの住めるようないい場所がなくなってきているんじゃないかなという心配ですよね。それでここに一極集中みたいな形でガンが集まってきているんじゃないかな、というふうな気がするんですよね。もっともっとこれが方々に散らばれるような自然を、もっともっと欲しいなという感じはしていますね」

「伊豆沼」の渡り鳥たちを保護していくうえで、千葉さんたち愛護会のみなさんの活動は欠かせません。その重要な活動のひとつが、渡り鳥たちの餌集めです。毎年、地元の農家や、遠くは関東方面の愛鳥家の方から、たくさんの餌が寄せられます。

しかし、今年（二〇〇〇年末）は餌不足らしく、この倉庫の餌もいつまでもつことやら……「伊豆沼」を愛するみなさんの小さな協力があってこそ、たくさんの渡り鳥たちを守っていけるのです。

また、給餌池は餌を与えるだけではなく、糞《ふん》や食べ残しによる水質の汚濁を取り除く保全型の考え方でつくられました。池だけでなく、陸の上でもカモたちは、賑《にぎ》やかに餌を食べています。

でも、ここにいるのはカモや白鳥ばかり。朝、飛び立ったガンはどこへいったのでしょうか。実はガン、警戒心が強いため給餌池には来ないのです。ガンが向った先は沼周辺の田んぼでした。

もちろん沼にも餌はあります。しかし、白鳥の餌であると同時に、沼の浄化作用を持つマコモは近年、著しく減少しているのが現状です。そのため毎年、地元の人によって積極的に植栽がおこなわれているのです。

嶋田研究員がまとめます。

「『伊豆沼・内沼』では自然の持つ野生の味っていうのを味わって欲しいと思います。ガンに代表されるような、ああいうところろっていうのは、ここしかありませんから、そういう野性味をぜひ体験していただきたいと思います。それから、（訪れた人たちに）気をつけて欲しいなという点に関しましては、やっぱりゴミです。かなりごみ問題が大きくなってきておりまして、沼が汚れてますんで、本当に気をつけていただきたいなと思います」

雄大な景色が広がる「伊豆沼」。渡り鳥たちは、わたしたちにさまざまな表情を見せてくれます。この豊かな自然を守るために、そして後世にあの感動を残すために、みなさんひとりひとりの理解がなによりも効果的な自然保護となるのです。

アンのコメント

渡り鳥の飛び立つ風景には親近感があります。わたしのふるさとでは、九月になるとカナダグース（がちょう）が沼に集まって、そこから南へ飛び立っていくのです。山のない平原で三六〇度の青空のなかを一斉に飛び立っていくカナダグースの姿は、わたしの心のなかで、いつもふるさとの一部として生きつづけています。実は宮城県の「伊豆沼」に行って、はじめてこのことに気づいたんです。やっぱり人間は、ふるさとを離れて、はじめてふるさとのよさがわかると思うんです。

自然保護や保全というと森に目が向きがちですが、沼や湖も大きな役割を果たしています。毎年こんなにたくさんの鳥たちが渡ってくるというのは宮城県には、すばらしい田んぼや餌場、それを支えるボランティアたちなどというような環境があるからと言えるでしょう。いつまでも冬の風物詩が見られますように。

［二〇〇一年一月六日（土）放送］

栗駒町「雪っこランド」――アンのスノーモービル挑戦

栗駒山の麓に「くりこま高原雪っこランド」があります。冬のあいだ、閉鎖される町営牧場を利用してスノーモービルの専用ランドを開いています。スノーモービルを体験しようと宮城県外からもお客さんがやって来ます。アンもチャレンジしてみました。

スノーモービルを運転するには免許は必要ありませんが、正しい乗り方や自然のなかで楽しむマナーなど簡単な講習を受けなければいけません。インストラクターの先生から三十分ほど話を聞いたあと、いよいよ実技講習です。

「**雪っこランド**」には、全部で二十五台のマシンと十二人のインストラクターの先生がいます。スタッフは地元のスノーモービルクラブのみなさんです。仕事の合間をぬってランドを運営しているため、土日祝日しか開いていません。

この日はあいにくの天候であたりは真っ白に吹雪いていましたが参加者のみなさんは、数名ずつに分かれて寒いなか講習を受けていました。

スノーモービルはスクーターのようにだれでも簡単に動かすことができます。

初心者のアンでも……ほら、結構上手に乗りこなしているでしょ。

アンの感想。

「スピードをすごく出したくなるんですけど、危ないから抑えなければならないという内側の調整がすごく必要だなと思いました。でも、楽しかった！」

二時間ほどの講習を受けると、全国どこでも、もう一度講習を受けずに乗ることができる二シーズン有効なライセンスを発行してくれます。宮城県内では唯一、ここでしか取ることができないんです。ライセンスも無事に取れたところで、いざ！　大雪原に飛び出してみましょう。

雪っこランドには牧場内を巡る二十キロメートルの周遊コースや林間コースなど多彩なコースがあります。二〇〇ヘクタールの広大な雪原で思う存分楽しむことができます。

「Woooow !!　Yeah　Yeah !!　タノシイデスネー」

アン、大興奮。この日の参加者は十人。インストラクターの先生を先頭にミニツーリングに出かけました。

講習のときと違ってスピードも距離もマシンも変わり、運転もだいぶうまくなってきましたね。参加者のみなさんはあたり一面、真っ白な雪のなかで思いっきりスノーモービルを楽しんでいました。

アン以外の参加者も楽しそうです。

「もっと自然を楽しみながら長距離、走ってみたい。ドキドキしてたけど乗ったら気持ちよかった。天気がよかったら、もっとよかったなって思うけど」

参加者のみなさんも興奮覚めやらぬ様子ですね。ツーリングから戻ってきたあとも、地元の子どもたちと雪合戦をしたり、雪と無邪気に戯れていました。

「雪っこランド」事務局長の高橋誠さん。

「大自然のなかで、こういった冬ですと、なかなかここに来るっていうことはできませんが、スノーモービルでしたら短時間で来れる。この広いところを思う存分走っていただきたいと思います。営利は目的としておりませんので、低料金で多くの方を呼びたいと思います」

「くりこま高原雪っこランド」では二〇〇一年度は、三月二十五日までの土日祝日のみスノーモービルのライセンス講習会、および試乗会をおこなっています。

スノーモービルはだれでも簡単に、そしてダイナミックに、自然を体感できるスポーツです。みなさんも冬の栗駒で、大自然と思いっきり楽しんでみてはいかがでしょうか。

＊くりこま高原雪っこランド■三月二十五までの土・日・祝日オープン　午前十時〜午後十五時（要予約）■ライセンス講習料　四千円（二シーズン有効）■問いあわせ　栗駒町役場上下水道課 TEL 0228－45－

2100（高橋）

アンのコメント

みなさんはスノーモービルに乗ったことがありますか？　とても楽しかったです。正直言って最初はスノーモービルには、あんまり乗りたくなかったんです。わたしはどっちかというと「かんじきタイプの人間」で、自然のなかをゆっくりと歩くのが好きなタイプです。スノーモービルだと早送りのような感じで、フルに自然を味わえないのではないかと思いました。ところが、実際に乗ってみたら、たっぷり自然をエンジョイできました。「かんじき歩き」には、木の芽のひとつひとつを細かく見るよさはあるけれども、スノーモービルの場合は一本一本の木や、丘の形など、ビッグなスケールで広い視界が開けます。どうしても雪の多い地域だと、精神的に雪に閉ざされてしまいがちです。でも、その雪の重さを吹き飛ばして、楽しく明るく雪と接する「雪っこランド」のみなさんはかっこいいですね。

［二〇〇一年二月十七日（土）放送］

環境あ・ら・かると

環境対策

今日、従来の産業型公害問題については、多くの分野で改善が見られるものの、産業構造やライフスタイルの変化、都市部への人口集中や交通体系、エネルギー構造の変化などにより、わたしたち人間の活動が環境に及ぼす影響も複雑、多様化しています。環境を守ることなしには、健全な社会の発展がありえないことが世界共通の認識となっています。

「宮城県環境対策課」は、大気汚染対策、水質汚濁対策などの公害対策を担当しています。大気の汚染状況を県内三十二か所に自動測定局を設置してつねに監視しており、そのデータは、一時間ごとに**「宮城県保険環境センター」**に送られてくるため、即時に大気汚染の状況が把握できます。

また平成九年度には、大気環境測定車を機動性を高めたものに更新し、必要なときに、どこでも大気汚染の状況が測定できる体制が整いました。

「宮城県環境対策課」**森泰明**さんの話。

「道路の衛生につきましては、県内の車の増加などにともないまして、車からの大気汚染、騒音関係が増加する懸念がございます。今後とも宮城県といたしましては、自動車交通公害防止計画に基づきまして、総合的な自動車公害対策を進めていきたいと考えております」

工場から排出される大気汚染物質の削減対策は進んでいますが、自動車から排出される大気汚染物質は、近年の車の保有台数の著しい増加によって、悪化することが懸念されています。

「宮城県環境対策課」では「**エコドライブ運動**」**(環境対策「エコドライブ」の項参照)**を推進しており、去年(一九九八年)から環境にやさしく、省エネルギー効果も大きい「エコドライブ」を楽しく紹介する「**エコドライブフェア**」を開催しています。

今年(一九九九年)も六月五日・六日におこなわれ、低公害車の展示や試乗、エコ・ドライブクイズ大会など家族そろって楽しく学ぶことができるイベントがいっぱいでした。

「宮城県環境対策課」大気班長**山田正人**さんの説明。

「この『エコドライブフェア』というものは、『エコドライブ運動』を県民のみなさまに理解してもらいまして、いわゆる県民運動として広く展開していただければという願いをこめたフェアでございます」

全国的に問題となっているダイオキシンについては、昨年度から大気環境、河川、海域の底質と魚を対象として調査をおこなっています。

さきほどの森さんが、力強く話します。

「県内のダイオキシンの状況を把握していただくために、公共用水域の実態を分析しているわけですが、今後ますます規制強化をはかるために、宮城県の『保険環境センター』に、ダイオキシンの検査棟をつくっているところでございます。そのような施設を活用いたしまして、今後とも徹底した監視、指導をしてまいりたいと考えております」

宮城県では、「日々環境の状態をチェックし、宮城の環境を守るため全力をあげて取り組んでいますが、みなさんひとりひとりの行動がなければよりよい環境は創造できません。もう一度見つめなおしましょう、わたしたちの暮らしを！」と呼びかけています。

アンのコメント

宮城県は環境調査にいろいろ取り組んでいます。これからの道は長いでしょうが、がんばっています。

今は調査段階で、その結果次第で規制を強化するでしょう。しかしその間、時間がかかるかも知れないので、ひとりひとりが日常生活のなかで、いろいろ工夫して、たとえば過剰包装をしないとか、できるだけものをリサイクルするとか、あるいは買い物に出かけるときに車のエンジンをつけっぱなしにしないなど、いろいろ個人で工夫することによって、環境対策への貢献ができるのではないかと思います。

〔一九九九年六月十二日（土）放送〕

環境対策「エコドライブ」

今日、経済活動によりさまざまな環境問題が生じています。また、都市への人口集中や交通事情、ライフスタイルの変化などにより、わたしたちの日常生活が環境に及ぼす影響も大きくなっています。

わたしたちが生きていくのに欠かせない空気は、毎日の生活のなかで気づかないうちに汚れていきます。とくに近年の車の増加によって、排気ガスなどによる大気汚染が進んでおり、大きな課題となっています。（まえにもちょっと触れましたが）そこで、宮城県では、この自動車交通公害を解決するため、毎年、環境に配慮した運転や低公害車に乗ることなどの

「エコドライブ」を呼びかけています。

二〇〇〇年六月三日・四日に「エコドライブフェア」が開催されました。電気自動車のデモ走行や、低公害車の展示など、子どもから大人まで、楽しく学べるイベントでした。

「宮城県環境対策課」大気班長の山田正人さんが「エコドライブ」について解説します。

「現在、宮城県では百四十八万台の車が登録されております。この車からの排ガス対策が現在課題になっております。その排ガスの削減策のひとつとして、『エコドライブ運動』がございます。この『エコドライブ運動』というのは電気自動車、あるいはハイブリッド自動車などの低公害車に乗ること、あるいは不要なアイドリングをしないこと。これらのことをみなさんに理解をしていただきながら、ぜひ実行に移していただきたい。このように思っております」

車の排気ガスを減らし、しかも経済的にもお得な「エコドライブ」。

まずは、アイドリングストップ。

みなさんはちょっとした買い物だからといって、車のエンジンを切らずにお店に行ったりしていませんか？　アイドリング十分間で、およそ一四〇ｃｃのガソリンがムダになります。

ふたつ目は、車の急発進やエンジンの空ぶかしをやめること。

信号待ちなどで、急発進を一回するだけで、およそ一二ｃｃのガゾリンのムダ！　また、一回のエンジンの空ぶかしで、およそ六ｃｃのガゾリンがムダになるのです。

そして三つ目は、タイヤの空気圧を適正にすること。

空気圧が適正でないまま一〇キロメートル走行すると、二六ｃｃ近くのガソリンがムダに使われます。最近はパワーステアリングのついた車が多く、タイヤの空気圧不足に気づかないことがあります。日ごろから、こまめな点検を心がけましょう。

このように、「エコドライブ」は運転する方のほんの小さな心がけで実行できることばかりなのです。宮城県では日々環境の状態をチェックし、宮城の環境を守るために全力をあげ取り組んでいますが、みなさんひとりひとりの行動がなければ、よりよい環境を実現することはできません。

「エコドライブ」に限らず、リサイクルや省エネなど、個人や地域ぐるみで環境に配慮した生活が定着してこそ、快適な環境、真に豊かな宮城を実現できるのでは、ないでしょうか。

アンのコメント

三年まえに宮城県に引っ越ししてきたときに、車がなかったのであちこち歩きました。遠くに行くときに使う予定で車を買ったんですが、いざ車が手元にくると、（歩いて）五分のところでも車に乗るようになって、まるで「車依存症」になってしまいました。これでは体にも環境にもよくないと思い、去年の十月から三十分ぐらいの距離だったら、できるだけ歩くように心がけています。そのおかげで、朝の空気のすがすがしさとか鳥のさえずりなどを、直接感じることができるようになりました。

そのおかげで、今はほんと元気になりました。今の社会生活のなかでは、車をなくすのは現実的ではありません。しかし、自分の生活を見つめ直し、利用する回数を減らすことは可能だと思います。

〔二〇〇〇年六月十七日（土）放送〕

宮城県リサイクル認定製品

わたしたちの生活は、経済の発展とともにたいへん豊かになりました。しかし一方で、日常生活や事業活動によって出される「ゴミ」の量は年々増加し、環境などにさまざまな問題が生じています。宮城県でも依然としてゴミの量が増加傾向にあり、より一層のゴミの減量化への対応が望まれています。

そこで、宮城県では廃棄物を利用してつくられた製品の普及拡大を図り、廃棄物の有効利用とリサイクル産業を育成するため、「**宮城県廃棄物再生資源利用製品**」の認定制度をもうけています。その認定を受けた製品をご紹介します。

鹿島台町《まち》にある「**丹秀工務店**」の工場では、ペットボトルや発砲スチロールなどを使って、廃プラスチック類再利用資材、「**ペットストーン**」をつくっています。「ペットストーン」は回収された廃棄プラスチックを粉砕し、溶かしたあと、ふたたび固めてつくります。

見た目は「砂利石」そのものの「ペットストーン」は石の代替品として土木・建築資材に再利用されます。

また、この製品はプラスチック類なので、もう一度石油に戻すことが可能です。加工すれば、燃料としてふたたび利用できる点も注目されています。

丹秀工務店環境事業部の**山田幸治**さんが説明してくれます。

「建築業のほかに、もうひとつ柱になるものを模索しておりまして、そのときに廃プラスチックのリサイクル『ペットストーン』に出会うことができました。現在、日本では砕石が不足しておりまして海外から砂利を輸入しているのが現状であります。それであれば『ペットストーン』という石の代替品として使えるものを使っていったらいいんじゃないかということがありました」

申請を受けると宮城県では工場を訪問し、製品が要件に適しているかどうか確認します。

つくられている製品が廃棄物を利用していても、工場や製造過程などが環境に配慮されていない場合、県は認定しないこともあります。

認定の申請は随時受けつけています。「ペットストーン」のほかに、トイレットペーパーやポリ袋の三種類が二〇〇〇年九月に認定されました。このような「宮城県廃棄物再生資源利用製品」に指定されると、認定マークを表示することができます。宮城県オリジナルのエコマークとして多くの県民のみなさんに知ってもらい、さまざまな製品が認定され、資源が再利用されるよう、県では多くの企業に呼びかけています。

宮城県庁廃棄物対策課の**遠藤佳貴**さんが呼びかけます。

「最近リサイクルへの関心も高まり、分別回収も進んでいますが、集められた資源が製品化され利用されないとリサイクルは拡大していきません。そこで宮城県では認定制度を創設しまして、一定の基準を満たしたリサイクル製品を認定し、そのＰＲに努めていくことにしています。リサイクル製品を開発されているみなさんは、どうぞ当課まで申請していただきますようお願いします」

宮城県の平成九年度のリサイクル率は一六・八パーセントで全国六位でした。限りある資源をムダなく使うためにもゴミのリサイクルは欠かせません。

人と自然が共生する、快適な宮城の環境を守り、つぎの世代に引き継ぐため、みなさんのご理解とご協力をお願いします。

＊認定制度について詳しくは、県庁廃棄物対策課までお問いあわせください。
■TEL022－211－2688■ホームページ　www.pref.miyagi.jp／haitai

アンのコメント

　このあいだキューバに行ってきました。ご存じだと思いますが、キューバはメキシコの近くにあり、カリブ海のなかの小さな島国です。ここ四十年間、キューバは社会主義を進めてきましたが、十年まえの旧ソ連の崩壊がキューバに大きな打撃をあたえました。

　わたしがキューバを旅して一番感心したのは、農村や漁村での教育や医療のレベルの高さと自給自足率のレベルの高さです。それにゴミのなさ。ものがないからゴミがでないと言ってしまえば、それまででしょうが、一般家庭から見事にゴミが出ないんです。

　キューバに行ってゴミ・消費・社会のあり方を、いろいろ考えさせられました。資本主義を進めている国では、大きな打撃を受けない限りは、今の消費やゴミの量は、そんなに急には減らないと思います。消費を減らすことによってゴミ問題を多少改善できるでしょうが、やはりリサイクル技術の開発、普及はとっても大事だと思います。それにわれわれ宮城県民のリサイクルへの認識や支持も高めなければならないのではないでしょうか。

［二〇〇〇年九月三十日（土）放送］

容器包装リサイクル

わたしたちの生活は経済の発展とともに、たいへん豊かになりました。しかし、一方で家庭から出されるゴミの量は増加しています。家庭から出されるゴミのうちおよそ六〇パーセントがガラスビン、ペットボトルなど容器包装のゴミです。そこで「容器包装リサイクル法」という法律に基づいてすべての市町村が積極的にリサイクルに取り組んでいます。

住民のみなさんの意識も高まっておりセンターに持ちこまれるペットボトルの量は、一九九九年に比べておよそ一五パーセントも増加しています。

リサイクルを進め循環型社会を実現するためには、「消費者ひとりひとりがゴミを分別して出し、市町村がそれを回収し、事業者が再商品化をおこなう」というそれぞれの役割を責任を持って果たすことが大切です。

リサイクルの対象が増えたことで分別の仕方や、分別内容が変わります。

例えば、不燃物の場合、針金などは、ほかのものと別にして出してください。また、スプレー缶などは、穴を開けてガスを抜いてから出すようにしてください。

そのほか、リサイクルの対象となる容器包装に関するものは、以下のとおりです。

■ガラス製容器（三種）■ペットボトル■プラスチック製容器包装、発泡スチロールトレー

■紙製容器包装

みなさんが分別ゴミを出してもリサイクル商品として再生されないと循環型の社会は築けません。

最後に鳴瀬町にある、東北最大のペットボトルリサイクル施設、株式会社「タッグ」をご紹介しましょう。この会社では、北海道や東北六県から集められたペットボトルを洗浄、粉砕しプラスチック製品の原料に加工します。

現在は一日にペットボトルおよそ三十万本、四角いブロックにしておよそ七百五十個分を加工しています。最大稼動時には、一日に百万本の処理能力があります。東北地方全体から出されるペットボトルの加工をカバーできます。

細かな分別作業には、やはり人の手が必要です。分別、洗浄、粉砕をおこないふたたびプラスチック製品にリサイクルされます。プラスチック容器や、部品はもちろん繊維としてもリサイクルされるのです。「ダッグ」の工場の作業着もこの繊維からできています。

アンのコメント

分別回収が本格的にスタートしてから十か月になります。その後少しずつ徹底されてきたようです。しかし、まだリサイクル作業のブレーキになっているところはあります。たいへんなことではありますが、みんながひとりひとり、意識を高めなければリサイクル社会は、なかなか築けないと思います。

〔二〇〇一年一月十三日（土）放送〕

始まります！ 家電リサイクル

日本は資源が乏しく世界有数の輸入国であり資源の消費国でもあります。銅・亜鉛は世界の消費の一割、鉄や鉛などの鉱石の輸入は、世界最大でもあります。ガラスや金属などの限りある資源を再生利用するためにも、資源循環型の社会を目指していかなければなりません。そして、増えつづけるゴミの量を減らすことが今日のわたしたちに突きつけられた課題でもあります。毎日の生活から出されるゴミの量は、宮城県民一人あたり一日で、一キログラムをこえました。ゴミの減量、リサイクルの推進をおこなうためにも、製造業者や販売店だけでなく、わたしたち消費者も加わった三者が役割を分担して積極的に取組んでいくことが必要です。

そこで二〇〇一年の四月一日から、これまでおもに埋め立てられていた電化製品の有効利用、リサイクルを目的とする法律、「家電リサイクル法」がスタートします。この法律によって、冷蔵庫、洗濯機、テレビ、エアコンの四つの種類がリサイクルの対象となります。

法律で決められたとおり、わたしたちは不要になった家電製品を適切に引きわたし、リサイクルのルートにのせ、経費を負担しなければなりません。もちろん不法投棄は、もってのほかです。空き地などに捨てると厳しく罰せられます。

実際にわたしたち消費者が家電製品を処分する場合、どのような点が大きく変わるのでしょうか。

大きな点でいえば、経費の負担があります。生ゴミなどの一般のゴミとは異なり、家庭用の電化製品から資源を取り出す処理は膨大な経費がかかります。家電製品のリサイクルという新しいビジネスが始まるわけですが、そのリサイクルに必要な経費の一部は、みなさんが負担することになります。

料金の目安としては、つぎのようになります。

■負担料金表（目安）■冷蔵庫　四千円／洗濯機　二千四百円／テレビ　二千七百円／エアコン三千五百円＋収集運搬費用

消費者は不要になった家電製品を処分する場合に、販売店の収集運搬費用とリサイクル費用を負担しなければなりません。

なお、収集運搬費用は販売店ごと、リサイクル費用はメーカーごとに多少異なりますのでご確認ください。

それでは具体的に家電製品を処分するにはどうすればよいのでしょうか。

基本的にはその製品を購入したお店に連絡し、自宅などからいらなくなった製品を回収してもらいます。その際にお店から請求されるリサイクルに関する緒費用を支払わなければなりません。

しかし、もしその製品の販売店が今はなかったり、県外で購入したりなど、販売したお店に引き取ってもらうことが、むずかしい場合は、お住まいの市町村へ問いあわせてください。

買い替える場合には、新たに購入するお店にリサイクルすることを告げ、引き取ってもらいます。引き取ってもらう製品は、どこで購入したものでもよく、外国製でも問題ありません。いずれの場合でも、消費者は回収・リサイクル費用を負担することになります。

リサイクル社会実現のためには、適切なリサイクルコストの負担は避けられないことです。限りある資源を有効に使い、豊かな宮城をつぎの世代に残していくためにも、わたしたちひとりひとりがその役割を果たし、協力していくことが欠かせません。

最後に……

「みやぎ夢大使」と知事の懇談会

二〇〇〇年三月二十三日、仙台市内のホテルで「みやぎ夢大使」と知事との懇談会が開かれました。「みやぎ夢大使」とは、宮城県のPRをしていただくために任命している方々です。宮城県にゆかりのある、県外にお住まいの百人の方々に宮城のイメージアップにご尽力いただいています。

この日は、芸能界、スポーツ関係、大学関係、経済界など多方面から三十四人の「**みやぎ夢大使**」が出席して、**浅野史郎**知事と懇談しました。

「夢大使」のおもな仕事は、

■宮城県の魅力、情報などのPR活動。■宮城県に対する提言。■宮城県産品のよさのPR

活動。

懇談会では出席者に、宮城県の観光キャッチフレーズ、観光シンボルマークやテレビスポット放送などを紹介したあと、意見交換がおこなわれました。「高校の男女共学化」「新世紀みやぎ国体、全国障害者スポーツ大会」など、幅広いテーマで活発に意見交換がおこなわれました。

会場には多くの県民が参加し、夢大使への質問コーナーでは、多くの方から質問が寄せられました。

参加者のひとりは、こう言います。

「都会の人たちは仙台は知っていても宮城県を知らない。夢大使をもっとつづけてPRしていって欲しい」

懇談会第二部の会場には県産品の展示、観光ポスターなどが張り出され、あらためて「みやぎ夢大使」のみなさんに宮城県のよさをアピールしました。

また、ライシーレディによる宮城米のPR、みやぎ女将会による観光PRなどがおこなわれました。

以下、「夢大使」の発言。

菅原文太さん（一迫町出身）「米を応援しているんだけど難しいよね、日本人が米を食べなくなってきているから……」

鈴鹿景子さん（石巻市出身）「宮城弁を全国のみなさんにアピールして、よい言葉が残っていることをPRしていきます」

宍戸錠さん（白石市出身）「新幹線・白石蔵王駅は利用率がわるいので、『みんなに遊びに来いな！』ってPRしています」

「みやぎ夢大使」のみなさんの活躍におおいに期待しながら、わたしたちも夢大使に負けない郷土愛と誇りを持ち、県外や海外から訪れる人たちに宮城のすばらしさを伝えていきましょう。

アンのコメント

わたしが全国の農村・漁村を訪ねるときに、「宮城県から来ました」と言うと結構羨《うらや》ましがられることがあります。ほかの都道府県の方々は、宮城県に「豊か」というイメージを持っているようです。住んでいるわたしたちが宮城県のよさをもっと認識すれば、より夢のある県になるでしょう。

［二〇〇〇年四月一日（土）放送］

（本文中にご登場いただいているみなさまの肩書きはテレビ収録当時のものです）

あとがき

あん・まくどなると

二〇〇一年二月になってから、『アンの風にのって』の「活字版」を出すことが、ばたばたと決まったため、「できるだけ誤字脱字を少なくする」ことだけに集中する編集に追われました。本文を本格的に整理して、たくさんの写真やイラストや「テレビ局の現場を描写したコラム（取材裏話）」を入れることができなかったうえに、時間的制約のために浅野史郎宮城県知事に『まえがき』の執筆をお願いすることができなかったのは、返す返すも残念です。

かねてからミックスメディアの実験をしてみたかったわたしは、まもなく番組が終わろうという時期になって、G. PAM COMMUNICATIONS 清水弘文堂書房の礒貝浩社主に、この出版企画案を提案し内諾を得たあと、メールを通して交流のあった坂井秀司副知事に、筋違いであることは百も承知で、メールでご相談もうしあげたところ、「県としては、県提供のテレビ広報番組が本になっても一向にかまわない」というご返事をいただき、「宮城県広報課」のご了承もいただきました。ここにあらためて、副知事以下、こころよく出版の許可をくださった「宮城県県庁」の関係者のみなさまに、心から「ありがとう」を言わせていただきます。あとは、基本的な「著作権」保有者の東日本放送の高木健介社長にご相談もうしあげ、奥村秀三報道制作局長が動いてくださり、ばたばたと緊急出版の運びとなったのが、この本です。

東日本放送とわたしの共同「編」になっているのには理由《わけ》があります。「活字版」に入れる「項目」を主観的に選び、勝手に「大見出し」をつけて、ある程度リライトして編集したのは、わたしとこの本の編集担当者**二葉幾久**ですが、実は、この本は東日本放送のホームページ『アンの風にのって』(Fireworks Splice HTML http：www.khb－tv.co.jp／pro／ann）に掲載されている文章（**酒井健樹・豊澤光成・佐藤正人**共同執筆）を「活字版」にしたものなのです。その意味では、この本は、テレビとインターネットと出版が生んだ文字どおり「**本当のミックスメディア**」なのです。出版界で同業他社に先駆けて十年以上まえにIT革命をやりとげ、業界ではじめてDTP編集・印刷の実験本（**『中洲村から』藤堂和子著　一九八七年四月二十二日初版発行**）を、「ひっそりと出版した栄誉」を担っているG. PAM COMMUNICATIONS 清水弘文堂書房の最先端のコンピューター編集システムと東日本放送のホームページがなかったら、こんな短期間で、この本を世に問うことは、絶対に不可能だったのは確かなことです。

あらためて、わたしのわがままを聞いてくださったG. PAM COMMUNICATIONS 清水弘文堂書房と東日本放送に心からの感謝をささげます。

最後にミックスメディア初挑戦の感想を書いて、この「あとがき」を締めくくります。

ずばり、結論を先に言うと、本当におもしろい実験でした。しみじみと感じたのは、「話し言葉」と「書き言葉」の溝です。とくに、テレビの画面のなかで人々が話している言葉を文字で拾いあげていくときに、その格差を感じます。テレビを見ているときには、話す人のしぐさや、まわりの状況で、「なんとなくわかる言葉」が、文字でそのまま再現すると、「ちょっと待ってよ」という感じになるのです。わたしは、「活字」のなかに出てくる「会話体」が、それなりの「文章作法」で「つくられた話し言葉」であることを、はじめて実感しました。この本を編集しているときに、これが最大のネックになりました。編集担当者たちの意見は、はっきり、ふたつにわかれました。「活字版」では、それらしく「活字の会話体に変える」という意見と、「そのまま文字にする」という意見です。随分、議論したのですが、ミックスメディアの実験的な意味が大きいこの本では、あえて、問題提議の意味もこめて、最低限度の修正にとどめて、「そのまま文字にする」という路線でいくことになりました。この本を読まれた読者のみなさまのなかには、「なんだい、この会話は！　意味が通じないところがあるじゃあないか！」という感想を持たれた方も多数いらっしゃると思うのですが、このへんの問題について、今後のミックスメディア本のために読者の方のご意見を聞かせていただければ、嬉しく思います（ご意見はEメール　simzukobundo@nyc.odn.ne.jpへ）。

最後にもう一言。この本にご登場いただいた方々、毎週毎週、いろいろとうるさい注文を出すわたしにつきあってくださったテレビ制作現場のみなさま（メークの**佐藤**さんをはじめ裏方のみなさま）、テレビ番組を見てくださった視聴者のみなさま——すべての関係者のみなさま、ありがとうございました！

［二〇〇一年三月一日］

編者　あん・まくどなるど

カナダ人。一九六五年生まれ。ブリティッシュ・コロンビア大学東洋学部日本語科を主席で卒業。県立宮城大学特任助教授（二〇〇一年四月より）。上智大学コミュニティー・カレッジ非常勤講師。カナダ・マニトバ州政府元駐日代表。全国漁港協会理事、全国環境保全型農業推進会議推進委員ほか、宮城県関係も含め多くの委員会委員。作家（第二回海洋文学大賞佳作入賞）。高校時代と大学時代に日本に留学経験がある。その後、信州・黒姫の山のなかの農村マスコミ塾『富夢想野塾《とむそうやじゅく》』に五年間在籍。一九九一年～九二年、アメリカ・カナダ十五大学連合日本研究センター（インター・ユニバーシティ・センター）研究員。日本全国の農漁村で数多くのフィールド・ワークを行っている。著作。『原日本人挽歌』、『とどかないさよなら　Lost Goodbyes』、『日本って!?　PART 1 PART 2 ガイジンが外国人に語る日本事情講座』『すっぱり東京』最新刊『泡の中の感動』（アサヒビール会長瀬戸雄三氏との対談）（以上、清水弘文堂書房）『青春英語キーワード』（岩波ジュニア新書）。各種講演会、各月刊誌の連載をはじめテレビ、ラジオでも活躍中。

連絡先　清水弘文堂著者サービスセンター
電話　〇三－三七七〇－一九二二

アンの風にのって

発　行　二〇〇一年四月三十日　第一刷
編　者　株式会社　東日本放送／あん・まくどなるど
発行者　磯貝　浩
発行所　株式会社　清水弘文堂書房
郵便番号　一五三－〇〇四四
住　所　東京都目黒区大橋一－三－七　大橋スカイハイツ二〇七
電話番号　〇三－三七七〇－一九二二FAX〇三－三七七〇－一九二三
郵便振替　〇〇一八〇－一－八〇一二三
Eメール　simizukobundo@nyc.odn.ne.jp
編集室　清水弘文堂書房ITセンター
郵便番号　二二二－〇〇一一
住　所　横浜市港北区菊名三－三－一四　KIKUNA N HOUSE 3F
電話番号　〇四五－四三一－三五六六　FAX　〇四五－四三一－三五六六
郵便振替　〇〇二六〇－三－五九九三九
印刷所　株式会社　ホーユー
郵便番号　一〇一－〇〇四六　東京都千代田区神田多町二－八－一〇
電話番号　〇三－五二九六－八三一一　FAX　〇三－五二五六－七五五八

ISBN4－87950－544－7　C0095

Lost Goodbyes

とどかないさよなら

アン・マクドナルド著

宮崎　薫訳

ロスト・グッドバイズ。

裕子の死から十二年、わたしはまだ……。

わたしには母親が二人いる。一人はママ。カナダの母。

もう一人はお母さん。裕子を生んだ女《ひと》。

両方がわたしの母。


国際版『火宅の人』！

ソフト・タッチ・ダイ・ハード・ノンフィクションの登場。

筆者は世界的ベスト・セラー『マディソン郡の橋』の著者の血縁。

日本とかかわりをもってから十余年、〝日本の姉〟裕子の死の影をひきずる東西二つの家族の〝生きざま〟を赤裸々に語る。『暮しの手帖』に好評掲載の作品に筆を加え、新・地球時代ノンフィクション文学に挑戦！

ハードカバー　定価九七一円＋税

SUPERLY TŌKYŌ すっぱり東京

文師 アン・マクドナルド
超訳師・絵師 二葉幾久

一九九八年度海洋文学大賞佳作に入選したカナダの才媛の東京大海無手勝流あっぷあっぷ遊泳ルポ

『ずばり東京』の故・開高 健さんゴメンナサイ！

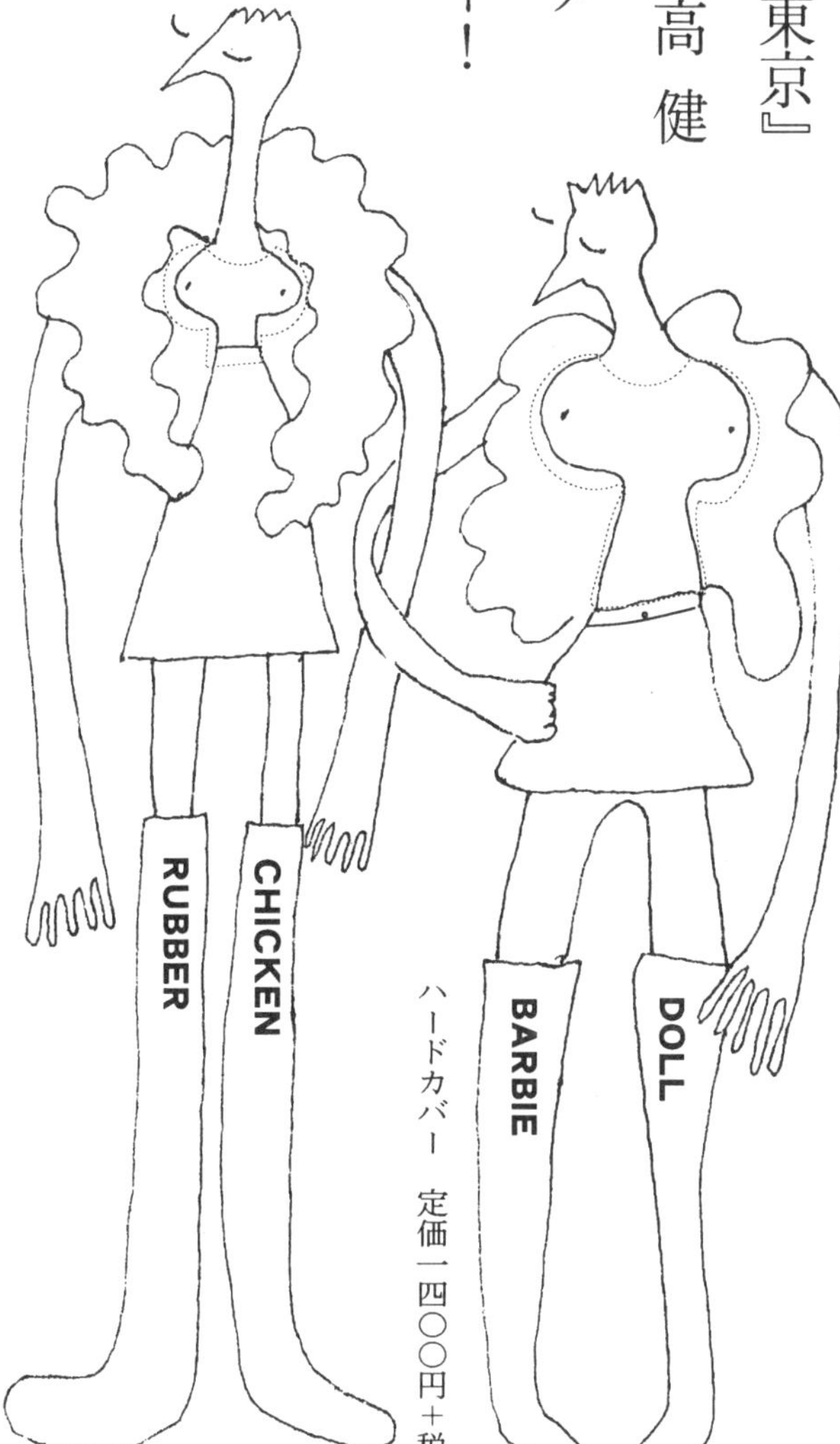

ハードカバー　定価一四〇〇円＋税

The New Century Text

実用重視の事業評価入門

マイケル・クイン・パットン著　大森彌監修　山本泰　長尾眞文編

事業評価事始！　本格的な事業評価本、日本上陸！

全米評価学会の元会長で、著名な事業評価コンサルタントであるマイケル・クイン・パットン氏の名著の邦訳が出版されることになったことは実にタイムリーであり、かつ有益である。……わが国では、このところ評価ばやりといってよいほどのブームが起きている。……どうすれば評価は役に立つ（useful）かではなく、役に立つとはどういうことか、いつ誰が何のために用いることなのかをパットン氏は詳しく説き起こしており、参考になる点が大いにある。……事業評価は、情報公開、説明責任、効率性の確保、人材開発などとも関連し、もはや国や自治体の関係者にとって避けて通れない課題となっている。そのためには、より広く関連した知識を集め、考え、工夫し、実行していく必要がある。本書は、そのための必読書である。

（大森彌東大名誉教授）

ソフトカバー　二八四ページ　定価三五〇〇円＋税

ぐるーぷ・ぱあめの本（清水弘文堂書房刊）

■アメリカ式若返り法　ベティー・ケーメン著　深澤雅子・高野寿子訳　1200円＋税■
■すごく静かでくつろげて　ジェーン・マクドナルド著　小久保薫／アン・マクドナルド訳　971円＋税■
■創業の思想　ニュービジネスの旗手たち　野田一夫　1600円＋税■
■ころがる石ころになりたくて　火DARUMA　G&A　1300円＋税■
■太平洋ひとりぼっち　堀江謙一　1800円＋税■
■C・W・ニコルのおいしい博物誌　C・W・ニコル　1600円＋税■
■C・W・ニコルのおいしい博物誌　2　C・W・ニコル　1000円＋税■
■エコ・テロリスト　C・W・ニコル　1500円＋税■
■おいしい交遊録　C・W・ニコル　1429円＋税■
■みんなが頂上にいた　岡島成行　1900円＋税■
■単細胞的現代探検論　礒貝　浩・松島駿二郎　1030円＋税■
■みんなで月に行くまえに　松島駿二郎　絵・礒貝　浩　1648円＋税■
■ブタが狼であったころ　礒貝　浩　2575円＋税■
■東西国境十万キロを行く！　礒貝　浩　1400円＋税■
■旅は犬づれ？　上　中　礒貝　浩　上　1000円＋税　中　1200円＋税■
■わがいとしの田園777フレンドたちよ！　礒貝　浩　1748円＋税■
■豪華空撮写真集　日本讃歌　礒貝　浩　文・田宮虎彦　18540円＋税■
■じゃーにー・ふぁいたー　礒貝　浩　1905円＋税■

Eメール注文　simizukobundo@nyc.odn.ne.jp電話注文〇三・三七七〇・一九二二（送料三百円注文主負担）　FAX注文〇四五－四三一－三五六六（いずれも送料三百円注文主負担）電話・ファックス・メール以外で清水弘文堂書房の本をご注文いただく場合には、もよりの本屋さんに、ご注文いただくか、定価に送料三百円を足した金額を郵便為替（為替口座　〇〇二六〇－三－五九九三九　清水弘文堂書房）でお振り込みくだされば、確認後、即、郵送にてお送りいたします。（直接ご注文いただく場合には、振り込み用紙に本の題名必記）